HERMÍNIO SARGENTIM

Gramática
Mágica
LÍNGUA PORTUGUESA

ENSINO FUNDAMENTAL

Gramática Mágica
© Companhia Editora Nacional, 2006.

Presidente	Jorge A. M. Yunes
Diretor superintendente	Jorge Yunes
Diretora geral de produção e editorial	Beatriz Yunes Guarita
Diretor editorial	Antonio Nicolau Youssef
Gerente editorial	Sergio Alves
Editora	Sandra Almeida
Assistente editorial	Edson Yukio Nakashima
Coordenadora de revisão	Marília Rodela Oliveira
Revisores	Irene Hikichi
	Nelson José de Camargo
	Sérgio Limolli
Coordenadora de arte	Sabrina Lotfi Hollo
Assistentes de arte	Janaina C. M. Da Costa
	Viviane Aragão
Coordenadora de iconografia	Maria do Céu Pires Passuelo
Assistente de iconografia	Jaqueline Spezia
Produtora editorial	Lisete Rotenberg Levinbook
Assistente de produção editorial	Antônio Tadeu Damiani
Colaboradora pedagógica	Maria Luísa Favre
Ilustrações	Edi Wagner
	Lie A. Kobayashi
	Paulo Cesar Tavares
	Rogério Soud
Capa	Departamento de Arte – IBEP
Editoração eletrônica e projeto gráfico	Figurativa Editorial

CIP-BRASIL. CATALOGAÇÃO NA PUBLICAÇÃO
SINDICATO NACIONAL DOS EDITORES DE LIVROS, RJ

S771g

Sargentim, Hermínio, 1946-
 Gramática mágica : língua portuguesa : anos iniciais do ensino fundamental / Hermínio Sargentim ; ilustração Edi Wagner ... [et al.] - 1. ed. - Barueri : IBEP, 2018.
 : il.   (Gramática mágica)

 ISBN 978-85-342-4603-3 (aluno)
 ISBN 978-85-342-4604-0 (professor)

 1. Língua portuguesa - Estudo e ensino (Ensino fundamental). 2. Língua portuguesa - Gramática. I. Título. II. Série.

18-51444   CDD: 372.61
                  CDU: 373.3.016:811.134.3'36

Meri Gleice Rodrigues de Souza - Bibliotecária CRB-7/6439

27/07/2018   01/08/2018

1ª edição – São Paulo – 2018
todos os direitos reservados

Avenida Aruanã, n° 991 – Tamboré – Barueri/SP – CEP: 06460-010
(11) 2799-7799 (Grande São Paulo) – 0800.017.5678 (Demais cidades e estados)
www.ibep-nacional.com.br   editoras@ibep-nacional.com.br

Impresso na Gráfica FTD

Para
MARINA,
menina-mulher,
que traz no olhar
o verde do mar

Como é gostoso
dizer aos outros
o que pensamos,
o que sentimos!

Sumário

A sílaba

Lição 1	Letra e alfabeto	10
Lição 2	Vogais e consoantes	16
Lição 3	Ordem alfabética	21
Lição 4	Sílaba	24
Lição 5	Número de sílabas	28
Lição 6	Encontros de vogais	32
Lição 7	Encontro consonantal e dígrafo	36
Lição 8	Sílaba forte	41
Lição 9	Posições da sílaba forte	45

A palavra

Lição 1	Frase	50
Lição 2	Frase afirmativa e frase negativa	55
Lição 3	Frase interrogativa e frase exclamativa	59
Lição 4	Nome das coisas	65
Lição 5	Nome das pessoas	71
Lição 6	Nome de animais	77
Lição 7	Nome de lugares	79
Lição 8	Masculino e feminino	83
Lição 9	Singular e plural	89
Lição 10	Nome simples e nome composto	97
Lição 11	Nome primitivo e nome derivado	102
Lição 12	Nome coletivo	106
Lição 13	Tamanho das coisas	112
Lição 14	Características dos nomes	116
Lição 15	Palavras de ação	123
Lição 16	Pessoas de uma ação	127
Lição 17	Tempos de uma ação	133

Os sinais

Lição 1	Ponto	139
Lição 2	Vírgula	144
Lição 3	Travessão e dois-pontos	147
Lição 4	Acento agudo	149
Lição 5	Acento circunflexo	153
Lição 6	Til	156
Lição 7	Cedilha	160

Ortografia

Lição 1	Palavras com *m/n*	164
Lição 2	Palavras com *as, es, is, os, us* (medial)	170
Lição 3	Palavras com *s/z* (final)	174
Lição 4	Palavras com *s/z*	178
Lição 5	Palavras com *r/rr*	183
Lição 6	Palavras com *ar, er, ir, or, ur*	189
Lição 7	Palavras com *lha/lia*	194
Lição 8	Palavras com *gue/gui, que/qui*	197
Lição 9	Palavras com *qua/gua*	200
Lição 10	Palavras com *ge/gi, je/ji*	203
Lição 11	Palavras com *ch/x*	208
Lição 12	Palavras com *l/u* (final)	213
Lição 13	Palavras com *l/u* (medial)	220
Lição 14	Palavras com *ça/ço/çu, ce/ci*	224
Lição 15	Palavras com *se/si, ce/ci*	228
Lição 16	Palavras com *ç/ss*	233
Lição 17	Palavras com *h*	237
Lição 18	Palavras terminadas em *–ão* e *–am*	241
Lição 19	Palavras com *s/ss*	245

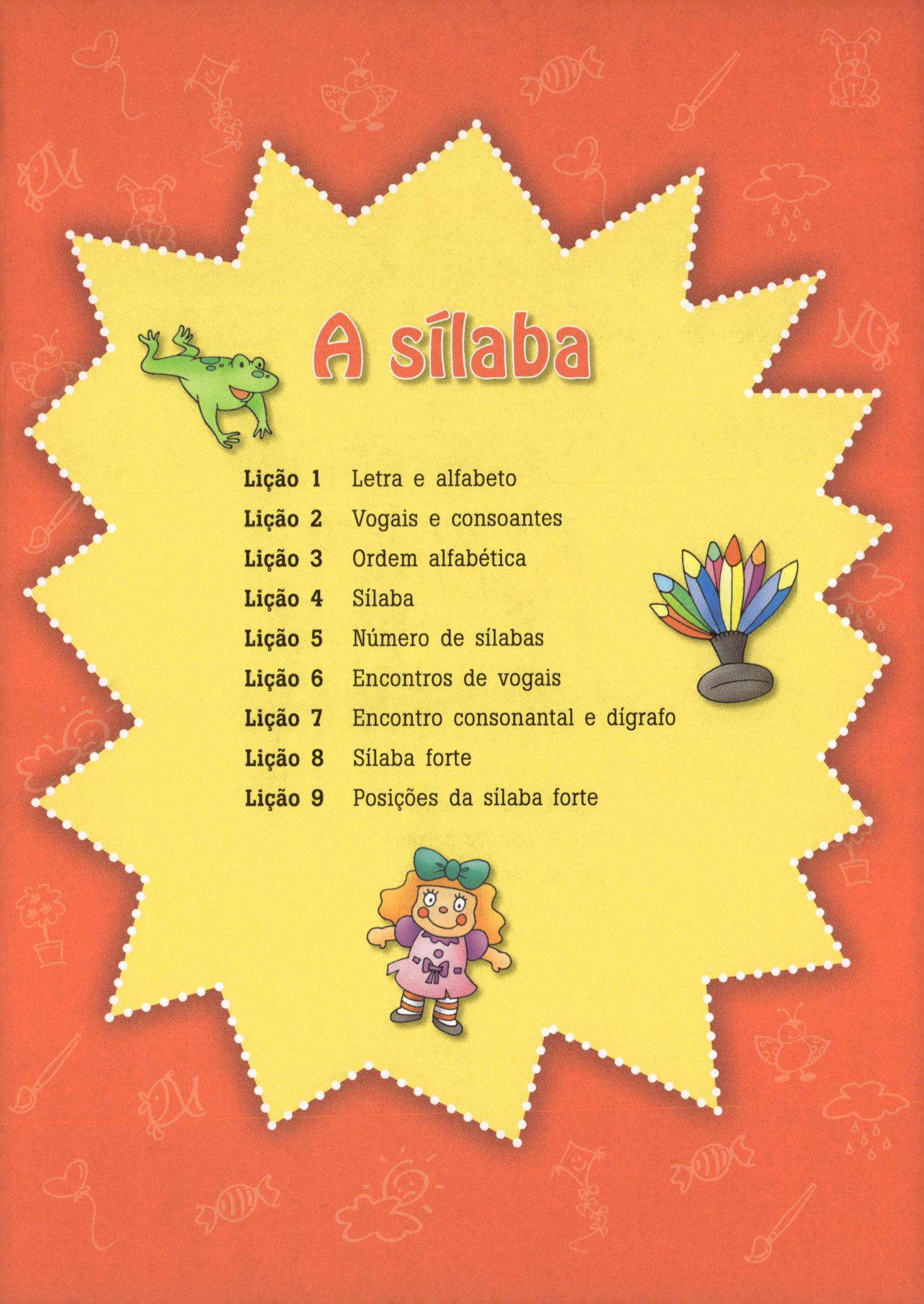

A sílaba

Lição 1 Letra e alfabeto
Lição 2 Vogais e consoantes
Lição 3 Ordem alfabética
Lição 4 Sílaba
Lição 5 Número de sílabas
Lição 6 Encontros de vogais
Lição 7 Encontro consonantal e dígrafo
Lição 8 Sílaba forte
Lição 9 Posições da sílaba forte

1 Letra e alfabeto

Para escrever as palavras, você usa **letras**.

Com **A**, escrevo **a**mor.
Com **P**, escrevo **p**aixão.
Com **M**, escrevo **M**aria.
Maria do meu coração.

Cantiga de roda

EXISTEM, NA LÍNGUA PORTUGUESA, **VINTE E SEIS LETRAS**:

A B C
D E F G H
I J K L M
N O P Q R
S T U V W
X Y Z

O CONJUNTO DESSAS LETRAS RECEBE O NOME DE **ALFABETO**.

O alfabeto pode ser maiúsculo ou minúsculo.

Alfabeto maiúsculo

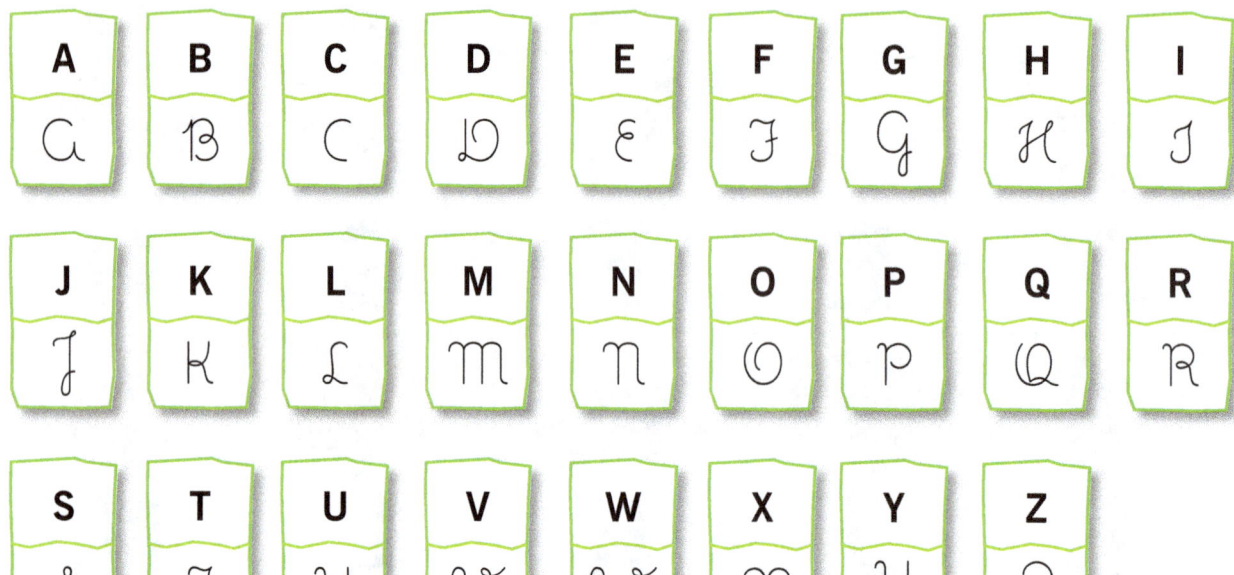

Alfabeto minúsculo

1 Copie o alfabeto maiúsculo.

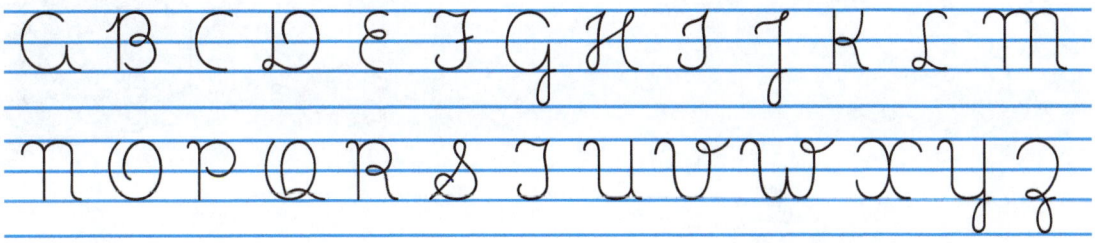

2 Copie o alfabeto minúsculo.

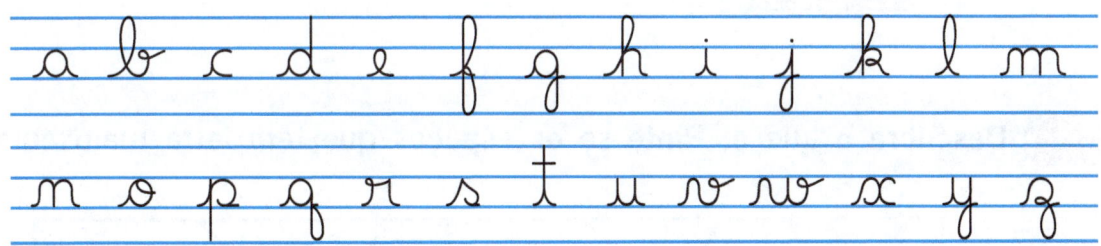

3 Escreva o nome dos objetos e faça um círculo na primeira letra.

 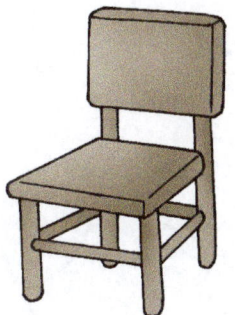 

4 Escreva nos quadrinhos as letras que faltam.

5 Descubra o que é. Pinte só os espaços que têm letra maiúscula.

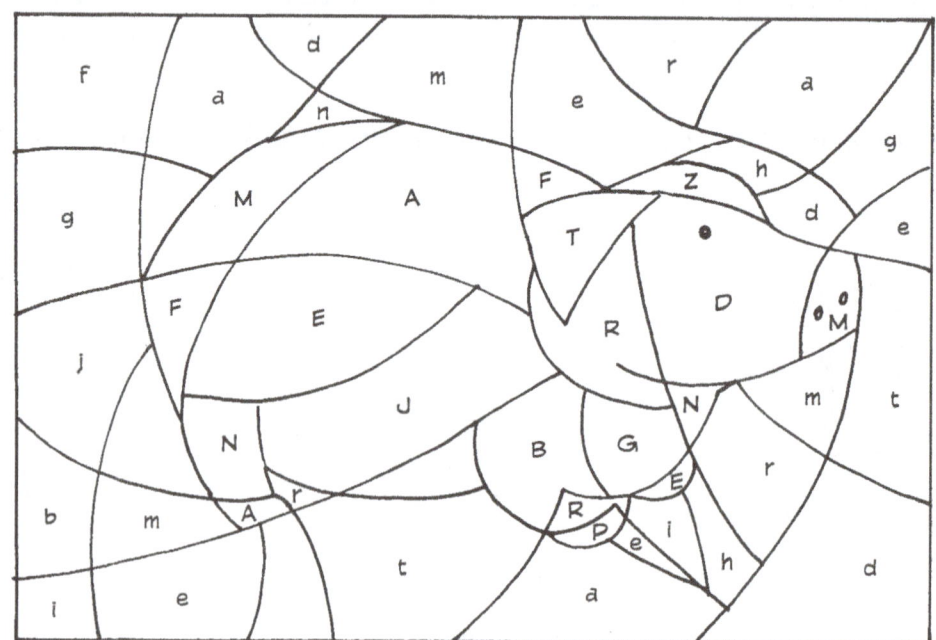

6 **Escreva o nome:**

a) de uma pessoa de quem você gosta muito:
_____

b) da cidade onde você mora:
_____

c) de um rio que passa pela sua cidade:
_____

d) da rua onde você mora:
_____

e) de um livro que você leu:
_____

7 **Observe os nomes que você escreveu no exercício anterior.**

a) Esses nomes começam com letra maiúscula ou minúscula?
_____

b) Escreva uma conclusão sobre o uso da letra maiúscula.
_____
_____
_____

2 Vogais e consoantes

Para falar as palavras, você usa sons.

King Features Syndicate/IPRESS

Existem dois tipos de sons: **vogais** e **consoantes**.

As vogais são:

As consoantes são:

As letras **k**, **w** e **y**, recentemente incorporadas ao nosso alfabeto, são usadas em português apenas na grafia de alguns nomes próprios, em palavras de origem estrangeira e em abreviaturas. Apresentam os seguintes sons.

K – Som de consoante: Kátia, Keila.

W – Som de consoante nas palavras de origem alemã: Walter, Wagner.

Som de vogal nas palavras de origem inglesa: Wilson, show.

Y – Som de vogal: Ary, Yara.

Em toda palavra, existe sempre uma vogal.

garoto   eu   Aurora   ioiô

ATIVIDADES

1 Circule de vermelho as vogais e de azul as consoantes.

U   J   A   I   H   G   P

O   C   I   B   N   D

M   S   F   V   R   T

Z   Q   E   X

2 Coloque uma vogal em cada vagão.

③ **Escreva nos quadrinhos as consoantes que faltam.**

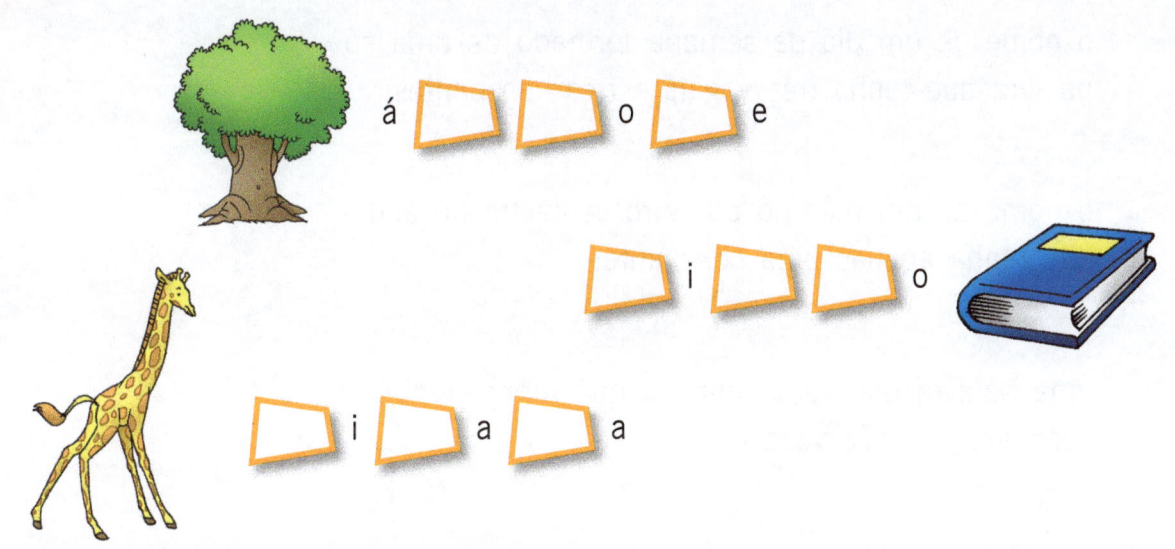

á ☐ ☐ o ☐ e

☐ i ☐ ☐ o

☐ i ☐ a ☐ a

④ **Descubra o que diz o bilhete, trocando corretamente os símbolos pelas vogais.**

🪐 = a
⭐ = e
☀ = i
♥ = o
🦋 = u

M⭐m🪐̃⭐

⭐st♥🦋 c♥m s🦋d🪐d⭐ d⭐ v♥cê.
V♥lt⭐ l♥g♥ p🪐r⭐ c🪐s⭐.

Pr⭐c☀s♥ lh⭐ c♥nt⭐r s♥br⭐
m☀nh🪐 n♥v⭐ pr♥f⭐ss♥r🪐.

B⭐☀j♥s

M🪐r☀n🪐

5 **Escreva o que se pede:**

o nome de um dia da semana formado de uma só palavra que tenha três vogais e três consoantes: _____

o nome de um mês do primeiro semestre do ano que tenha apenas uma consoante: _____

uma palavra que você conheça que tenha quatro consoantes e três vogais: _____

uma palavra que você conheça que tenha mais vogais do que consoantes: _____

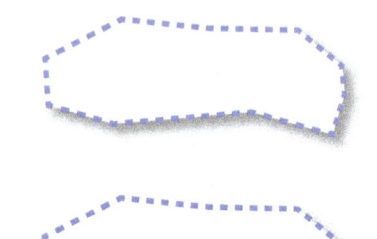

6 **Forme palavras que tenham as consoantes dos quadrinhos.**

r – m _____

b – l _____

p – t _____

Ordem alfabética

Para colocar as palavras em ordem alfabética, você deve:

1º) Saber de cor o alfabeto.

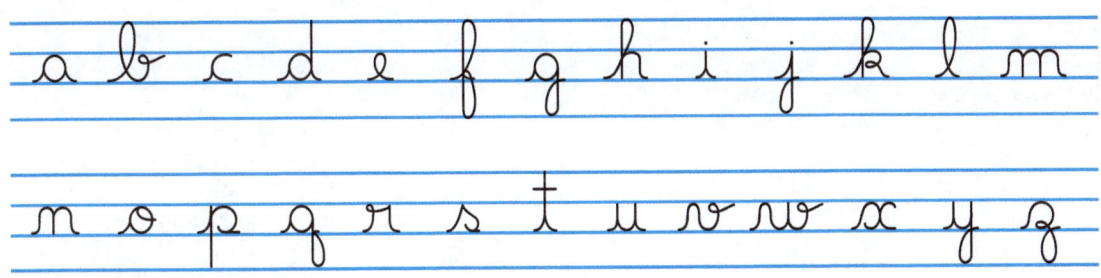

2º) Observar a primeira letra das palavras.

3º) Colocar a primeira letra na sequência do alfabeto.

ATIVIDADES

1 Ligue os pontos, obedecendo à ordem alfabética, e veja o que irá aparecer.

2 Copie, de um jornal, revista ou livro, dez palavras que comecem com letras diferentes. Escreva-as uma debaixo da outra, em uma folha de papel, sem colocá-las em ordem alfabética.

Troque a sua folha com um colega de classe. Cada um deverá colocar as palavras que o outro copiou em ordem alfabética.

Quando terminarem, sentem-se juntos e verifiquem se não fizeram nenhuma troca.

3 O sapo Cariró foi saltando até o brejo onde mora.
Vejam que legal! No caminho ele encontrou vários amigos.
Seguindo a ordem alfabética, descubra o caminho que o sapo Cariró fez.

abelha

macaco

leão

bode

ema

onça

jiboia

cigarra

gato

pato

rato

sapa

zebra

tatu

vaca

Sílaba

> Palma, palma, palma
> pé, pé, pé
> roda, roda, roda
> caranguejo peixe é

Quando você fala uma palavra, abre a boca uma ou mais vezes.

Cada vez que você abre a boca, diz um pedacinho da palavra. Cada pedacinho da palavra recebe o nome de **sílaba**.

ATIVIDADES

1 Forme palavras com as sílabas do quadro.

> VA LO TA RA BO CA

....

....

....

2 Junte as sílabas e forme palavras para completar as frases.

1	2	3	4	5
bo	ca	ri	lo	fe

6	7	8	9	10
do	que	per	res	di

a) Paulo adora _____.
   (1 + 4)

b) Meu pai tirou um _____ e ficou com o dedo _____.
   (2 + 4) (5 + 3 + 6)

25

c) Meu _____ cachorro está _____.
   (7 + 3 + 6) (8 + 10 + 6)

d) Eu sinto muitas _____ na _____.
   (6 + 9) (1 + 2)

3 Ordene as sílabas e forme palavras:

du	ver	ra
lan	ci	me	a
co	te	cho	la
fo	te	ne	le

4 Preencha os espaços com as sílabas dos quadrinhos e complete a cantiga:

| do | re | go | bo | pa | lu | se | vem |

A lua vem saindo

A _____ a que _____ saindo _____ donda como um _____ tão, calçan_____ meia de _____ da, sa_____ tinho de al_____ dão.

Cantiga de roda

5 Copie as palavras que você formou no exercício anterior e escreva quantas sílabas tem cada uma.

_____ ( )	_____ ( )
_____ ( )	_____ ( )
_____ ( )	_____ ( )
_____ ( )	_____ ( )

6 Separe as sílabas das palavras e copie-as.

gosto _____

bolacha _____

marmelada _____

parafuso _____

caqui _____

Brasil _____

Número de sílabas

Uma palavra pode ter:

a) **uma sílaba**:

    mão 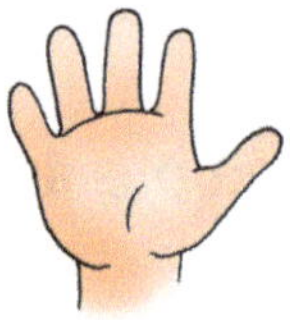      mão

    sol      sol

b) **duas sílabas**:

    vela      ve – la

    sapo   sa – po

c) **três sílabas**:

    boneca      bo – ne – ca

    casaco   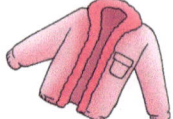   ca – sa – co

d) **quatro** ou **mais sílabas**:

telefone  te – le – fo – ne

rinoceronte  ri – no – ce – ron – te

ATIVIDADES

1 Separe as palavras em sílabas. Escreva o número de sílabas.

Palavra	Separação de sílabas	Número de sílabas
trabalho	*tra – ba – lho*	*três sílabas*
cidade		
papel		
bicicleta		
cor		
favela		
planta		

2 Leia o texto e faça o que se pede.

Impossível

Bigodinho,
Passarinho,
Tem um ninho.

Pode
Ter um ninho,
Pode.

Só não pode
Ter bigode
O bigodinho

A dança dos pica-paus, Sidônio Muralha.

Procure no texto:

a) duas palavras com uma sílaba

_____

b) duas palavras com duas sílabas

_____

c) uma palavra com três sílabas

_____

d) três palavras com quatro sílabas

_____

3 Vamos adivinhar?

a) Sou um brinquedo. As crianças me adoram. Tenho três sílabas. Sou a _____ – _____ – _____ .

b) Sou docinho e gelado. Apreciado por todas as crianças. Três são minhas sílabas. Sou o _____ – _____ – _____ .

c) Sou redondinha. Pulo bastante. As crianças gostam de me chutar. Tenho duas sílabas. Sou a _____ – _____ .

d) Sou alta e cheia de folhas. Nos meus galhos os pássaros fazem seus ninhos. Sou amiga dos homens e das aves. Eu sou a _____ – _____ – _____ .

4 Escreva palavras que terminem com a mesma sílaba de:

a) pato _____

b) moleza _____

c) amar _____

d) papel _____

5 Você conhece esta cantiga de roda? Nela estão faltando algumas palavras. Complete-a com as palavras que faltam.

Se esta rua
Se esta rua fosse minha
Eu _____
Eu _____
Com _____

Com _____
de _____
Para ver
Para ver meu amor passar

Observe as palavras que você escreveu para completar a letra da cantiga de roda e responda qual é a semelhança entre elas.

6 Encontros de vogais

Dia e noite

O dia veio. A noite vai.
A noite veio. O dia vai.
O dia é bebê e a noite é vovó.
A noite é bebê e o dia é vovô.
Eu vivo o dia. Eu vivo a noite.

Hermínio Sargentim

Veja as palavras **dia** e **noite**:

d ia   n oi te

Nessas palavras, as vogais estão juntas. Formam um **encontro de vogais**.

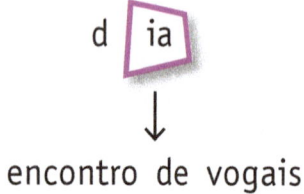 

d ia   n oi te
↓   ↓
encontro de vogais   encontro de vogais

O encontro de vogais pode estar:

a) na mesma sílaba:

rei   pão   mãe

boi   ca-dei-ra   cai-xa

b) em sílabas diferentes:

vi-o-la   lu-a   ba-ú

co-ro-a   co-e-lho   ca-no-a

ATIVIDADES

1 Complete as palavras com encontros de vogais.

c_____xa   p_____xe   s_____dade

pap_____   l_____co   coraç_____

2 Forme palavras com os encontros de vogais.

ua _____

eu _____

ai _____

3 Circule os encontros de vogais das palavras destacadas.

Sapo cururu

Da **beira** do **rio**!
Não me bote **n'água**
Que **eu** morro de **frio**.
Sapo cururu
Que fazes lá dentro?
Estou calçando as **meias**
Pro **meu** casamento.

4 Em algumas palavras, as vogais ficam na mesma sílaba. Separe as sílabas e veja como isso acontece.

louco _____ pouco _____

poleiro _____ moita _____

cadeira _____ mandou _____

5 Em algumas palavras, as vogais ficam em sílabas diferentes. Separe as sílabas e veja como isso acontece.

saúde _____ viúva _____

poluído _____ violão _____

coroa _____ ciúme _____

6 Invente palavras com os encontros de vogais.

> AU – AI – EU – OI – UI – IO – EI – IU

_____

_____

7 Vamos ver se você descobre a resposta destas adivinhas? Escreva-as nos quadros, separando as palavras em sílabas. Em todas as palavras aparecem encontros de vogais.

O que é, o que é...

Tem boca, mas não come nem fala?

É feito para andar mas não anda?

Quanto mais cresce menos se vê?

7 Encontro consonantal e dígrafo

O trem

O trem chega apitando:

– Piui i i i. Piui i i i...

Avisa a toda gente que vai viajar.

– Chi! Chi! Chi!... Chu! Chu! Chu!... Chi! Chi! Chi!...

O trem sai devagarinho: Choque! Choque!

A roda rodando, rodando sem parar, vai correndo pelo campo:

– Choque-choque! Choque-choque!

O trem, Mary França e Eliardo França.

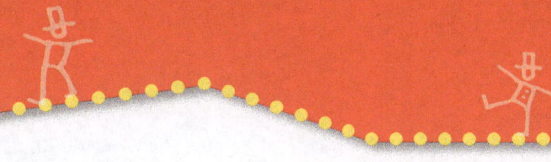

Veja a palavra **trem**:

TRem

Nessa palavra, as consoantes **TR** estão juntas. Formam um **encontro de consoantes** ou um **encontro consonantal**.

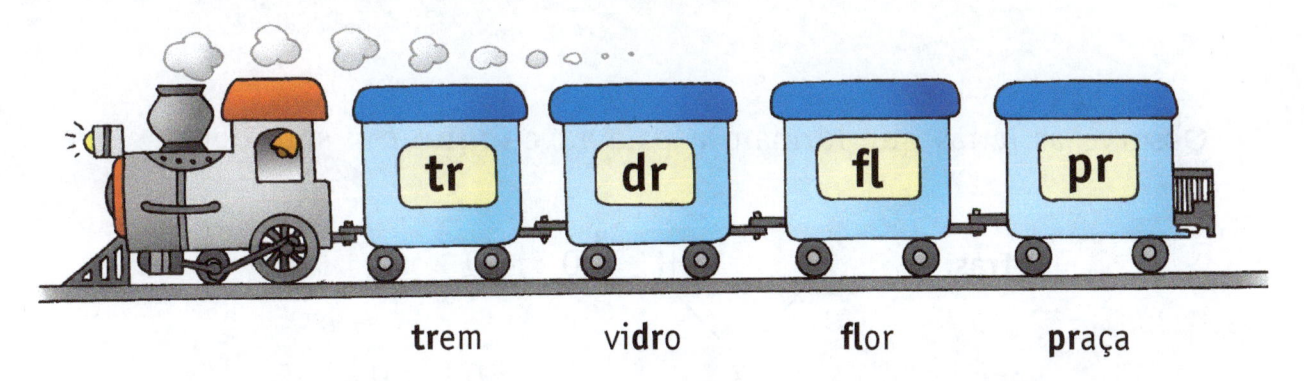

tr — trem
dr — vidro
fl — flor
pr — praça

Em algumas palavras, o encontro de consoantes fica na mesma sílaba:

BL – **bl**o-co   FR – **fr**a-co
BR – **br**a-vo   GL – **gl**o-bo
CL – **cl**a-ro   PL – **pl**an-ta
CR – **cr**a-vo   PR – **pr**a-to
DR – vi-**dr**o   VR – li-**vr**o
FL – **fl**e-cha

Em outras palavras, o encontro de consoantes fica em sílabas diferentes:

a**p**to   ap – to   o**bs**táculo   obs – tá – cu – lo

pa**c**to   pac – to   corru**pç**ão   cor – rup – ção

Dígrafo

Releia esta frase do texto "O trem".

> O trem sai devagarinho: **Choque! Choque!**

Observe as letras que formam a palavra **choque** e o som delas.

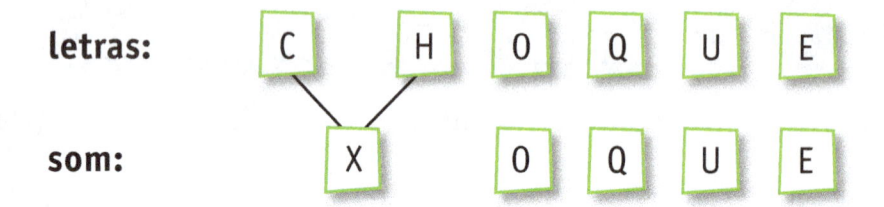

letras: | C | H | O | Q | U | E |

som: | X | O | Q | U | E |

Você pode constatar que as letras CH representam um único som. Recebem o nome de **dígrafo**.

Dígrafo é a reunião de duas letras representando um único som.

Principais dígrafos

CH – fi**ch**a
LH – coe**lh**o
NH – u**nh**a

RR – ca**rr**o
SS – pá**ss**aro

GU – **gu**erra
QU – **qu**erer
SC – de**sc**er
SÇ – de**sç**a
XC – e**xc**elente

Os grupos GU e QU só formam dígrafos quando o U não for pronunciado.

ATIVIDADES

1 Forme novas palavras acrescentando a letra r:

> pato – *prato*

faca _____   bota _____

cavo _____   boca _____

2 Leia e circule os encontros de consoantes:

a) O padre Pedro tem um prato de prata.

b) Um tigre, dois tigres, três tigres.

c) Troca o trinco, traz o troco.

3 Complete as palavras com um encontro de consoantes.

bici_____eta    li_____o

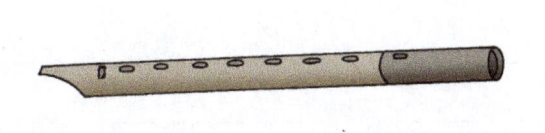

_____auta    _____avata

4 Pense em uma frase em que apareçam pelo menos três palavras com encontros consonantais.

Escreva a frase em um pedaço de papel, deixando em branco os lugares em que devem ser escritas as palavras com encontros consonantais.

Troque o seu pedaço de papel com um colega. Cada um deverá tentar descobrir as palavras com encontros consonantais que completam a frase e escrevê-las a lápis nos espaços.

Quando terminarem, sentem-se juntos e confiram as respostas.

5 Nas palavras abaixo os encontros de consoantes ficam em sílabas diferentes. Separe as sílabas:

> étnico – ét-ni-co

digno _____   obtuso _____

ritmo _____   absoluto _____

adjetivo _____   admirar _____

afta _____   advogado _____

6 No quadro abaixo, escreva dez nomes que tenham dígrafo.

8 Sílaba forte

Mesa redonda

Em um belo céu de anil,
os urubus, fazendo ronda,
discutem, em mesa redonda,
os destinos do Brasil.

Tigres no quintal, Sérgio Caparelli.

Ao ler uma palavra, você pronuncia sempre uma sílaba com mais força. É a **sílaba forte** da palavra.

U – RU – **BU**

Em toda palavra, existe sempre uma sílaba forte.

mesa **ME** – sa

Brasil Bra – **SIL**

destino des – **TI** – no

ATIVIDADES

1 Complete as palavras com a sílaba forte.

a) jaca_____   d) _____quina   g) cora_____

b) bo_____ca   e) _____pis   h) ga_____nha

c) pa_____te   f) _____culos i) ar_____la

2 Leia em voz alta o texto "A patota". Durante a leitura, dê destaque à sílaba forte.

A patota

A patota
Do pato
Quis fazer
De pato
O ganso.

O ganso
Que era manco
Mas pateta
Não era
Deu no pé
De bicicleta.

Boi da cara-preta, Sérgio Caparelli.

3 Leia as palavras em voz alta. Separe as sílabas circulando a sílaba forte.

> camelo   ca – (me) – lo

café ....

Panamá ....

Fabiana ....

política ....

covarde ....

4 Pinte o quadrinho da sílaba mais forte.

Bo	né		
Sé	cu	lo	
En	gra	ça	do
Fu	te	bol	

má	qui	na	
es	ti	le	te
ex	po	si	ção
bran	cos		

5 Em algumas palavras da cantiga abaixo, falta a sílaba forte. Complete essas palavras.

> O cravo brigou com a _____ sa.
> debaixo de uma sa_____ da.
> O cravo saiu fe_____ do,
> a rosa despeda_____ da.

6 **Leia em voz alta as frases a seguir.**

1. *Você **sabia** que o **sabiá** é um pássaro admirado pela beleza de seu canto?*

2. *Você parece **sábia**.*

As palavras destacadas são diferentes quanto ao sentido e quanto à posição da sílaba forte.

a) O que significa cada uma dessas palavras?

sabia: _____

sabiá: _____

sábia: _____

b) Escreva nos quadrinhos a sílaba forte de cada palavra:

sabia ☐

sabiá ☐

sábia ☐

9 Posições da sílaba forte

Vamos aprender a localizar a posição das sílabas numa palavra. Observe as sílabas da palavra **caneta**.

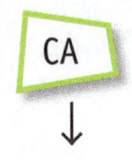

CA	NE	TA
↓	↓	↓
Esta é a antepenúltima sílaba	Esta é a penúltima sílaba	Esta é a última sílaba.

A sílaba forte pode ser:

a) A **última** sílaba:

bo – né 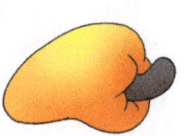   ca – ju    ja – ca – ré

b) A **penúltima** sílaba:

ma – ca – co    me – sa    te – le – fo – ne

45

c) A **antepenúltima** sílaba:

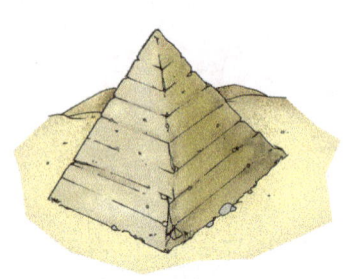

pi – **râ** – mi – de   **mú** – si – ca   **má** – gi – co

ATIVIDADES

1. Em qual posição está a sílaba forte?

lâm-pa-da ....

Pa-ra-**ti** ....

mon-**ta**-nha ....

ca-**va**-lo ....

do-ce ....

má-qui-na ....

2. Depois de ler em voz alta a palavra, separe as sílabas circulando a sílaba forte. Escreva ao lado a posição da sílaba forte:

coração ....

chicote ....

mágico ....

árvore ....

jenipapo ....

canguru ....

3 Dê o nome de cada figura e copie, ao lado, a sílaba forte.

....

....

....

....

4 Ordene as sílabas e escreva as palavras. Circule a sílaba forte.

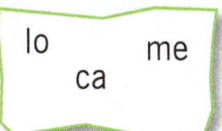

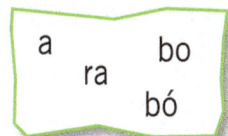

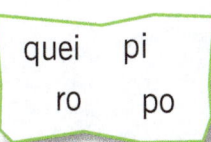

a) lo   me
   ca

....

c) a   bo
   ra
        bó

....

b) quei   pi
   ro   po

....

d) dri   ma
       nha

....

5 Distribua as palavras do quadro nas colunas correspondentes, de acordo com a posição da sílaba forte:

> anel – sorvete – sorrir – fácil – móvel – pêssego
> irmão – cinto – exército – filho – falar
> girassol – embalagem – picolé – fubá – câmera

Última	Penúltima	Antepenúltima

A palavra

Lição 1   Frase
Lição 2   Frase afirmativa e frase negativa
Lição 3   Frase interrogativa e frase exclamativa
Lição 4   Nome das coisas
Lição 5   Nome das pessoas
Lição 6   Nome de animais
Lição 7   Nome de lugares
Lição 8   Masculino e feminino
Lição 9   Singular e plural
Lição 10   Nome simples e nome composto
Lição 11   Nome primitivo e nome derivado
Lição 12   Nome coletivo
Lição 13   Tamanho das coisas
Lição 14   Características dos nomes
Lição 15   Palavras de ação
Lição 16   Pessoas de uma ação
Lição 17   Tempos de uma ação

1 Frase

A luz

A luz viaja muito rápido. Em um segundo, ela percorre mais ou menos a distância entre a Terra e a Lua. Não existe nada que caminhe tão rápido quanto a luz.

Ciência Hoje das Crianças, nº 59.

As palavras que você usa para falar e para escrever estão organizadas em pequenos grupos:

Grupo 1 A luz viaja muito rápido.
Grupo 2 Em um segundo, ela percorre mais ou menos a distância entre a Terra e a Lua.
Grupo 3 Não existe nada que caminhe tão rápido quanto a luz.

Cada grupo organizado de palavras recebe o nome de **frase**.

Frase 1 A luz viaja muito rápido.
Frase 2 Em um segundo, ela percorre mais ou menos a distância entre a Terra e a Lua.
Frase 3 Não existe nada que caminhe tão rápido quanto a luz.

No começo de frases, você deve usar a **letra maiúscula**.
No fim de frases, você deve usar um **ponto**.

| A | luz viaja muito rápido | . |

ATIVIDADES

1 Ordene as palavras e forme frases. Descubra os provérbios.

a) avisa | é | Quem | amigo | .

b) quer | nada | tudo | tem | Quem | .

c) enche | De | em | a | o | grão | grão | . | papo | galinha

2 Leia o texto.

Não tem videogame, joguinho de computador ou boneco de desenho animado japonês que divirta mais do que fazer mil acrobacias com uma pipa em dia de vento forte. Seu bisavô, seu avô e seu pai já passavam tardes inteiras empinando esses objetos voadores. Pelo Brasil, eles ganham nomes diferentes: papagaio, quadrado, pandorga, arraia, cangula, entre tantos. A ventania da pré-temporada, de janeiro até março, vem anunciando bons ventos para junho, julho e agosto, a época mais apropriada para grandes voos e piruetas.

O Estado de S. Paulo, suplemento *Estadinho*, nº 485.

Responda:

a) Quantas frases há no texto?

b) Quais os melhores meses para se empinar pipa?

c) Que outros nomes a pipa recebe?

3 Compare estes conjuntos de palavras:

1. *Príncipe maravilhoso por um acordada foi a Adormecida Bela.*
2. *A Adormecida Bela um acordada foi maravilhoso príncipe por.*
3. *a Bela foi Adormecida acordada por um príncipe maravilhoso.*
4. *A Bela Adormecida foi acordada por um príncipe maravilhoso.*

a) Quais desses conjuntos de palavras não formam frases?

b) Qual é o único conjunto que forma frase?

c) Além de iniciar-se com letras maiúsculas e terminar com um ponto, o que mais é preciso para que um conjunto de palavras seja considerado frase?

4 **Quem escreveu o texto abaixo esqueceu-se de usar a letra maiúscula no começo da frase e colocar um ponto para marcar o fim da frase. Faça isso.**

Na sala de aula

a professora saiu da sala de aula a meninada ficou só

alguns alunos imitavam o macaco outros pulavam como patos vários alunos cantavam uma caneta voou

a professora voltou e tudo se calou

5 Invente uma pequena história. Faça frases para cada cena abaixo. Dê um título para sua história.

2 Frase afirmativa e frase negativa

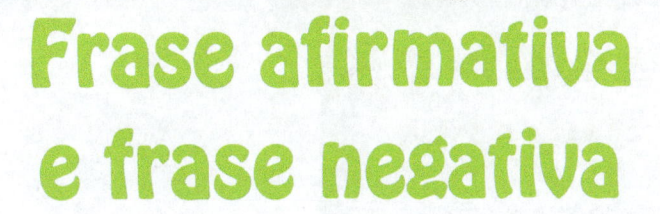

As estrelas

As estrelas não são eternas. Elas nascem, vivem e morrem. Até mesmo o Sol, que é uma estrela, um dia também vai acabar. Um dia daqui a dez milhões de anos... Com telescópios poderosos e a ajuda de observatórios espaciais, os astrônomos conseguem ver as transformações das estrelas. E descobriram, entre outras coisas, que, quando olhamos para o céu, uma parte das estrelas que vemos já morreram há muito tempo. A sua distância de nós era tão grande que, quando a luz que emitiram chega até aqui, elas mesmas já não existem.

Ciência Hoje das Crianças, nº 20.

Ao fazer uma frase, você pode **afirmar** alguma coisa.
Essa frase recebe o nome de **frase afirmativa**.

> As estrelas nascem, vivem e morrem.

Ao fazer uma frase, você pode **negar** alguma coisa.
Essa frase recebe o nome de **frase negativa**.

> As estrelas não são eternas.

No fim de uma frase afirmativa ou negativa, você usa o **ponto final**.

ATIVIDADES

1 Pense no que você faz desde a hora em que acorda até a hora em que chega à escola.

Escreva cinco frases afirmativas sobre a sua rotina.

_____
_____
_____
_____
_____

2 Pense em cinco coisas que você não faz ou não gosta de fazer. Escreva cinco frases negativas que digam o que você não faz ou não gosta de fazer.

_____
_____
_____
_____
_____
_____
_____

3 Transforme as frases afirmativas em frases negativas.

a) O céu está estrelado.
___

b) Mamãe comprou todo o material escolar.
___

4 Leia o texto.

Peteleco

O macaco Peteleco é medroso.
Ele tem medo da passarada.
Ele tem medo da mata cheia de sombras.
Tem medo das árvores e dos cipós.
Ele só não tem medo da macacada.

O macaco medroso, Sônia Junqueira.

a) Quantas frases há no texto?

b) Quantas dessas frases são negativas?

c) Quantas são afirmativas?

d) Copie, em seu caderno, o texto, mudando as frases afirmativas para negativas e as negativas para afirmativas.

5 Leia o texto abaixo:

– Huck, não ponha os pés na cadeira. Sente-se direito, Huck. Não boceje assim, Huck. Não se espreguice, Huck.

As aventuras de Huckleberry Finn, Mark Twain.

Escreva você agora, transformando as frases negativas em afirmativas e as afirmativas em negativas.

3 Frase interrogativa e frase exclamativa

A menina estranhou aquela voz e, prestando mais atenção, estranhou também o jeito de sua avó, cujas orelhas haviam crescido muito.

– Que orelhas tão grandes são essas, vovó?, perguntou a menina espantada.

– São para te ouvir melhor, minha neta!

– E que olhos arregalados são esses, vovó?

– São para melhor te ver, minha neta!

A menina da Capinha Vermelha, Irmãos Grimm.

59

Frase interrogativa

Veja a frase:

– Que orelhas tão grandes são essas, vovó?

Nessa frase, a menina fez uma pergunta à avó. É chamada **frase interrogativa**.

No fim de uma frase interrogativa, você deve usar **ponto de interrogação (?)**.

– Que orelhas tão grandes são essas, vovó ?

Frase exclamativa

Veja a frase:

– São para te ouvir melhor, minha neta!

Nessa frase, a avó comunicou um sentimento, fez uma exclamação. É chamada **frase exclamativa**.

No fim de uma frase exclamativa, você deve usar **ponto de exclamação (!)**.

– São para te ouvir melhor, minha neta !

ATIVIDADES

1 Transforme as frases afirmativas em frases interrogativas, usando a palavra dos parênteses.

a) Ele ficou zangado quando você partiu. (Quando)

b) Elas moram em São Paulo. (Onde)

c) O vaso quebrou porque caiu. (Por que)

2 Transforme as frases afirmativas em frases exclamativas.

a) Eu estou cansado.

b) O quadro é bonito.

c) O exercício é difícil.

3 Observe os desenhos e, com base neles, escreva uma frase exclamativa e uma frase interrogativa para cada um.

4 O que você perguntaria ao espelho se estivesse no lugar da Helga?

ESPELHO, ESPELHO MEU... QUEM É A MAIS LINDA DE TODAS AS MULHERES?

ANTES DE RESPONDER... ...LEMBRE-SE DE QUE, SE ME QUEBRAR, VAI TER SETE ANOS DE AZAR!

King Features Syndicate/IPRESS

5 Arranje uma história em quadrinhos de uma ou duas páginas em que apareçam diferentes tipos de frases e destaque-a da revista.

Retire da história as falas das personagens, que aparecem em balões, e guarde-as com cuidado, para não perdê-las. Depois, cole os quadrinhos, só com as imagens, em uma folha de papel.

Troque a sua folha com um colega de classe.

Cada um de vocês deverá tentar imaginar o que as personagens podem ter dito e escrever as frases em balões, no lugar onde foram recortadas.

Depois, comparem as frases de vocês com aquelas que recortaram da história.

6 Complete os balões com frases exclamativas.

IPRESS

7 Leia o texto.

    — Mamãe, por que é que eu me chamo Marcelo?

    — Ora, Marcelo foi o nome que eu e seu pai escolhemos.

    — E por que é que não escolheram martelo?

    — Ah, meu filho, martelo não é nome de gente! É nome de ferramenta.

    — Por que é que não escolheram marmelo?

— Porque marmelo é nome de fruta, menino!
— E a fruta não podia chamar Marcelo, e eu chamar marmelo?

Marcelo, Marmelo, Martelo e outras histórias, Ruth Rocha.

Retire do texto:

a) quatro frases interrogativas:

_____
_____
_____
_____

b) duas frases exclamativas:

_____
_____
_____

c) duas frases afirmativas:

_____
_____
_____

4 Nome das coisas

Todas as coisas têm um nome.

Gente tem sobrenome

Todas as coisas têm nome:
casa, janela e **jardim**.
Coisas não têm sobrenome,
mas a gente sim.

Todas as flores têm nome:
rosa, camélia e **jasmim**.
Flores não têm sobrenome,
mas a gente sim.

O **Chico** é **Buarque**, o **Caetano** é **Veloso**
O **Ary** foi **Barroso** também.
Entre os que são **Jorge**
tem um **Jorge Amado**
e um outro que é o **Jorge Ben**.
Quem tem apelido
Dedé, Zacharias, Mussum e **Fafá de Belém**.

Tem sempre um nome
e depois do nome
tem sobrenome também.

Todos os brinquedos têm nome:
bola, boneca e **patins**.
Brinquedos não têm sobrenome,
mas a gente sim.

Coisas gostosas têm nome:
bolo, mingau e **pudim**,
Doces não têm sobrenome,
mas a gente sim.

Canção para todas as crianças, Toquinho.

ATIVIDADES

1 Dê o nome das seguintes coisas:

_____   _____

_____   _____

2 Você vive cercado de muitas coisas. Olhe em sua volta e escreva o nome de dez objetos.

Essa atividade escrita pode ser antecedida de uma atividade oral em grupo.

3 Complete o quadro abaixo com os nomes sugeridos:

Nome de animais	Nome de frutas	Nome de brinquedos

4 O que existe num circo? Dê os nomes.

5 Escreva o nome das coisas que você pode colocar dentro de uma geladeira.

6 Escreva o nome de coisas que começam com as letras:

A

B

P

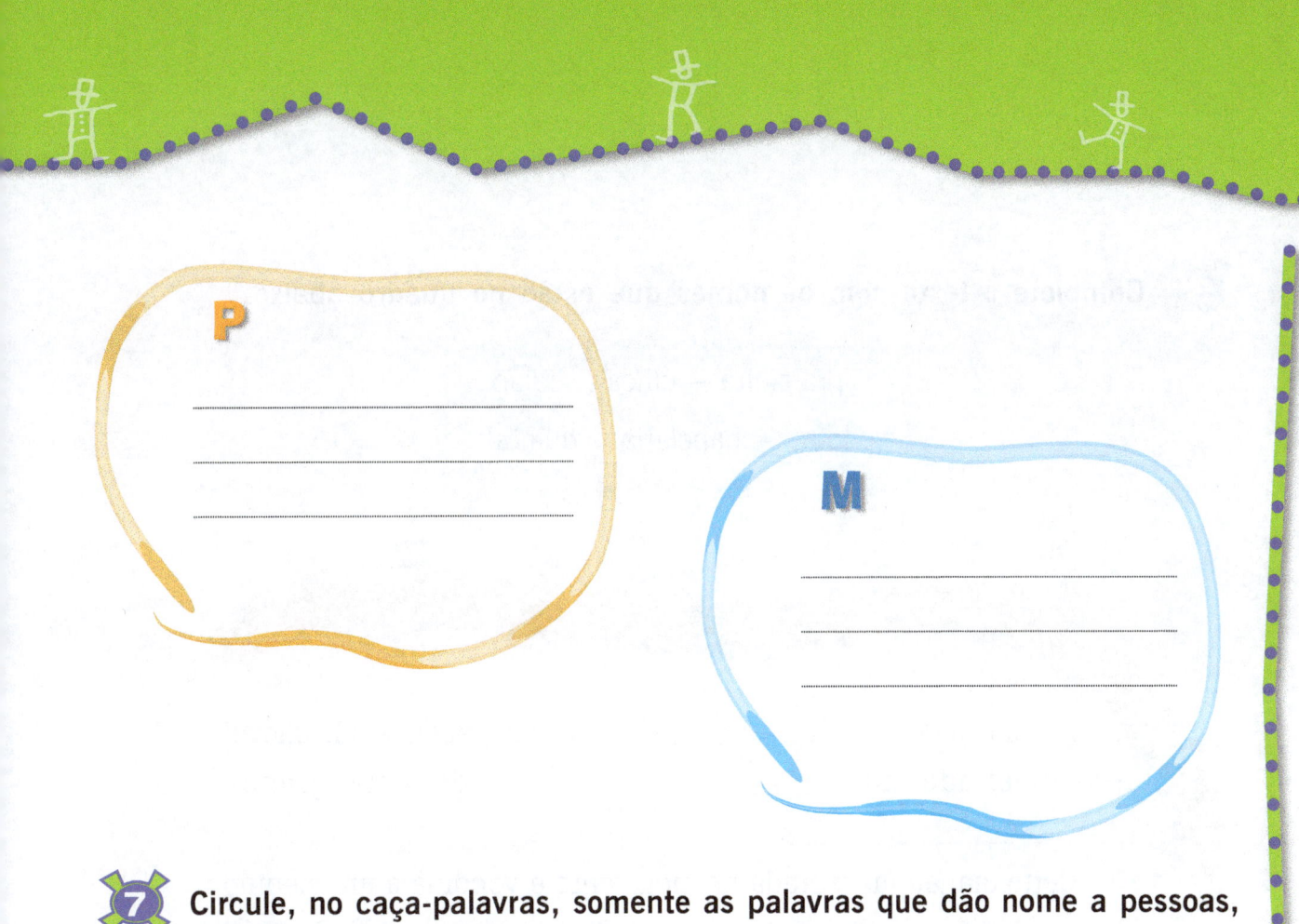

M

7 Circule, no caça-palavras, somente as palavras que dão nome a pessoas, animais, flores, objetos.

D A N Ç A R T R A P É Z I O
C A M É L I A L I M P E Z A
M A S O B A F A C I L I T A
C O M E R C O L U N I S T A
C A D E I R A E S C R E V E
B E I J O P R Í N C I P E S

8 Complete o texto com os nomes que estão no quadro abaixo.

> prateleira – olhos – balão
> folha – papelaria – quintal

Eu era uma _____ de papel. Azul, imóvel e empoeirada na _____ de uma grande _____.

Certo dia, eu fui retirada do meu canto e vendida a um menino de _____ negros. Ele me pegou sorrindo e foi até o _____ de sua casa. O menino entregou-me a um homem e lhe disse:

– Toma, papai, agora faça o meu _____.

5 Nome das pessoas

Todas as pessoas têm um nome.
Um nome pode indicar **qualquer** pessoa.
É um **nome comum**.

menino   menino   menino

Um nome pode indicar **uma só** pessoa.
É um **nome próprio**.

Pedro   Fábio   Mauro

O nome próprio é escrito com letra inicial **maiúscula**.

ATIVIDADES

1 Dê um nome próprio a cada um dos nomes comuns:

a) Meu **cachorro** chama-se _____

b) Meu **amigo** chama-se _____

c) Minha **rua** chama-se _____

d) Minha **escola** chama-se _____

e) Minha **cidade** chama-se _____

f) Minha _____ chama-se _____

g) Meu _____ chama-se _____

2 Escreva um nome próprio para cada figura abaixo.

3 Escreva o nome de três colegas.

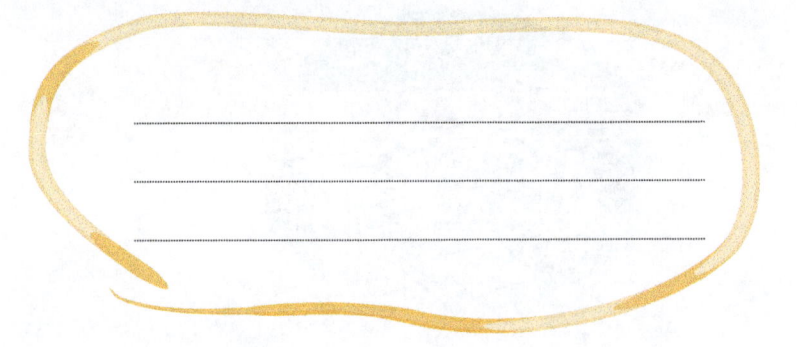

_____
_____
_____

4 Se você pudesse escolher, como se chamaria?

_____

5 Escreva um nome de pessoa que você acha muito bonito.

_____

6 Reescreva o texto, em seu caderno, mudando os nomes próprios e os nomes comuns destacados.

   Verinha gostava de conversar. Gostava muito de conversar. Na verdade, era uma grande conversadeira. Até ganhou o apelido de **Verinha** Blá Blá Blá.

   Falava com o **açougueiro**, falava com o **zelador**, falava com o **tintureiro**. Com os amigos, então, nem se fala! Falava, falava, falava.

   Contava para a **Renatinha** o segredo que a **Bebel** contou. Falava com a **Margareth** quantas bolas fez com o chiclete. Falava com a **Cristina** a última fofoca da esquina. Contava para o **Pedrinho** os gols de placa do **Marinho**.

   Ufa! Ela não se cansava. Falava, falava, falava.

7 Leia o texto abaixo e copie os nomes destacados na coluna certa:

Todo dia,
na **escola**,
a **professora**,
o **professor**.
A gente aprende,
e brinca muito
com **desenho**,
tinta e **cola**.

Meus **amigos**
tão queridos
fazem farra,
fazem fila.
O **Paulinho**,
o **Pedrão**,
a **Patrícia**
e a **Priscila**.

Amigos do peito, Cláudio Thebas.

Nomes comuns	Nomes próprios

74

8 Escreva nomes comuns e nomes próprios relacionados à ilustração.

Nomes comuns	Nomes próprios

9 **Escolha um jornal. Localize nele os seguintes dados:**

a) o nome do jornal que você está lendo:
___

b) o nome de um filme que esteja em cartaz:
___

c) o nome de uma peça de teatro que esteja sendo apresentada:
___

d) o nome de um artista ou escritor:
___

Em que parte ou em que caderno do jornal você encontrou o que foi pedido?

___
___
___
___
___
___

6 Nome de animais

Todos os animais têm um nome.
Um nome pode indicar **qualquer** animal.
É um **nome comum**.

cachorro   papagaio   gato

Um nome pode indicar **um só** animal.
É um **nome próprio**.

Totó   Loro   Xodó

O nome próprio é escrito com letra inicial **maiúscula**.

ATIVIDADES

1 Dê um nome próprio para os seguintes animais:

a)

b)

c)

d)

2 Você conhece muitos nomes próprios de cachorros. Escreva cinco nomes.

7 Nome de lugares

Todos os lugares têm um nome.
Um nome pode indicar **qualquer** lugar.
É um **nome comum**.

cidade   cidade   cidade

Um nome pode indicar **um só** lugar.
É um **nome próprio**.

São Paulo   Rio de Janeiro   Brasília

O nome próprio é escrito com letra inicial **maiúscula**.

ATIVIDADES

1 Escreva o seu endereço:

Moro na rua ....
.... nº ....
bairro .... cidade ....
estado .... país ....

2 Copie do exercício anterior os nomes comuns e os nomes próprios.

Nome comum	Nome próprio

3 Passa algum rio pela sua cidade ou município? Qual o nome?

....

4 Invente um nome de uma rua e de uma cidade.

rua: ....

cidade: ....

5 Escreva os nomes de algumas cidades que você conhece.

_____

_____

_____

6 No emaranhado de letras aparecem quatro nomes próprios e quatro nomes comuns de lugares. Identifique-os e escreva-os no quadro.

```
A  M  A  Z  O  N  A  S
P  A  U  L  I  S  T  A
A  V  E  N  I  D  A  V
E  S  T  A  D  O  L  X
S  A  L  V  A  D  O  R
C  A  P  I  T  A  L  S
F  R  A  N  Ç  A  T  Ç
P  A  Í  S  D  L  B  R
```

Nomes comuns	Nomes próprios

Troque ideias com os colegas de classe sobre os lugares que aparecem no quadro: o que vocês sabem sobre eles?

7 Imagine que a Carteira de Identidade a seguir fosse a sua. Preencha com os dados que faltam. Atenção, você usará muitos nomes próprios. Se você ainda não tem a sua carteira de identidade, o número do registro geral você pode inventar.

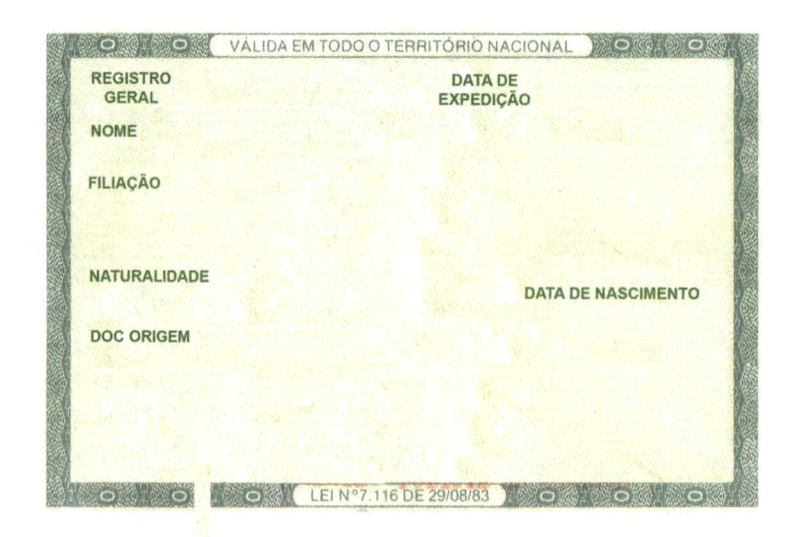

8 Masculino e feminino

Os nomes podem ser masculinos ou femininos.

Masculinos

papai

menino

Femininos

mamãe

menina

Antes de **nomes masculinos** colocamos **o, os, um, uns**:

o menino, **os** meninos, **um** menino, **uns** meninos

Antes de **nomes femininos** colocamos **a, as, uma, umas**:

a menina, **as** meninas, **uma** menina, **umas** meninas

O jeito mais comum para se formar o feminino é trocar **-o** por **-a**.

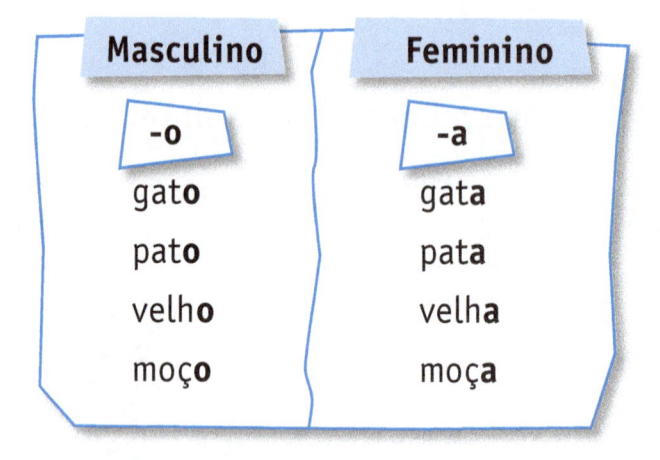

Masculino	Feminino
-o	**-a**
gato	gata
pato	pata
velho	velha
moço	moça

Existem outras maneiras para se formar o feminino.

1º) Acrescentar um **-a**.

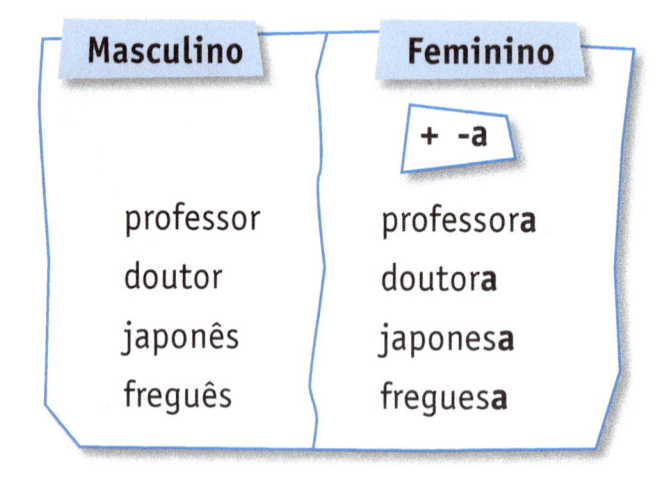

Masculino	Feminino
	+ -a
professor	professora
doutor	doutora
japonês	japonesa
freguês	freguesa

2º) Os substantivos terminados em -ão trocam o -ão por -oa ou -ã.

Masculino	Feminino
-ão	-oa
leão	leoa
patrão	patroa
leitão	leitoa

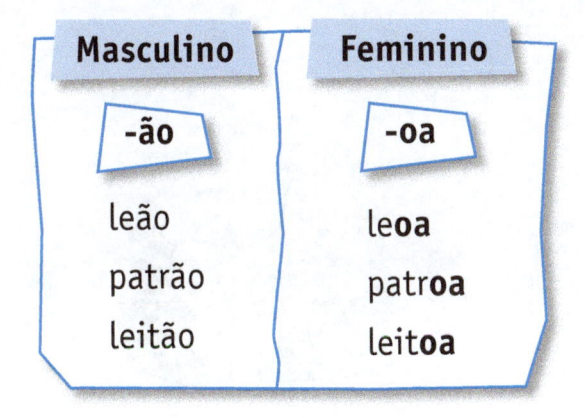

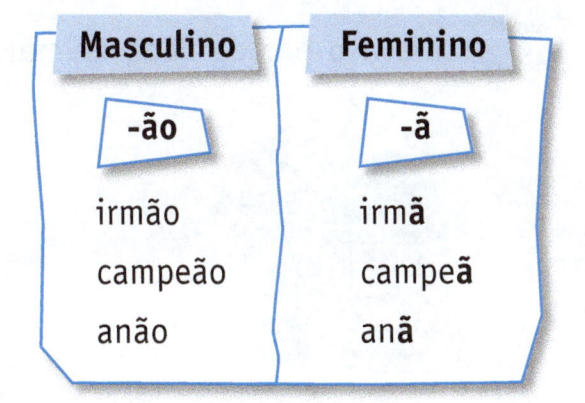

Masculino	Feminino
-ão	-ã
irmão	irmã
campeão	campeã
anão	anã

3º) Alguns substantivos femininos são diferentes da forma masculina. Conheça alguns desses substantivos.

alfaiate	–	costureira	genro – nora
avô	–	avó	homem – mulher
bode	–	cabra	padrasto – madrasta
carneiro	–	ovelha	padre – madre
cão	–	cadela	pai – mãe
cavaleiro	–	amazona	príncipe – princesa
cavalheiro	–	dama	rei – rainha
compadre	–	comadre	réu – ré
frade	–	freira	zangão – abelha

ATIVIDADES

1 Escreva o par de cada animal:

bode

_____

galo

_____

leão

_____

2 **Continue formando pares:**

a) um homem e uma _____

b) um carneiro e uma _____

c) um boi e uma _____

d) o cavalo e a _____

e) o pai e a _____

f) o irmão e a _____

3 **Reescreva as frases, passando os nomes masculinos para o feminino.**

a) **Meu irmão** encontrou o **professor** na casa do seu **avô**.

_____

b) **O padrasto** de meu **primo** era **diretor** da empresa.

_____

c) Em nosso sítio, há **bois, galos, carneiros** e **porcos**.

_____

4 **Jogo da memória**

1. Escolha, do quadro da página 85, dez pares de substantivos femininos e os masculinos correspondentes.

2. Arranje um pedaço de cartolina ou outro papel mais resistente.

3. Usando uma régua, divida-o em vinte retângulos.

4. Em dez retângulos, escreva substantivos femininos e nos outros dez, substantivos masculinos que você escolheu. No verso, você pode fazer um desenho, uma montagem com recortes de revistas, o que você quiser.

5. Corte os retângulos com as palavras escritas.

6. Troque o seu jogo da memória com um colega de classe.

Como jogar

1. Coloque os retângulos sobre a carteira, desarrumados, com as palavras voltadas para cima.

2. Leia as palavras com atenção, procurando guardar na memória a localização dos pares.

3. Vire os retângulos, de modo que os desenhos ou recortes fiquem voltados para cima e você não possa ler as palavras. Embaralhe um pouco.

4. O objetivo do jogo é formar o maior número de pares em menor tempo. Para isso:

    Vire dois retângulos. Se formarem par, retire-os do jogo. Se não formarem, ponha-os novamente sobre a carteira, com as palavras voltadas para baixo, vire dois outros retângulos e proceda da mesma maneira.

5. Depois de meia hora, pare e confira com o colega com quem você trocou o jogo quantos pares cada um formou. O vencedor será quem tiver formado o maior número de pares.

9 Singular e plural

O pé do pai é quarenta,
o pé da mãe trinta e cinco,
parecem pés de gigante
para quem só calça vinte,
por isso o menino gosta
de andar nos sapatos deles
e engolir em passos grandes
toda a fome de crescer
dos seus sapatos tão curtos.

Pare no P da poesia, Elza Beatriz.

Os nomes podem estar no singular ou no plural.

O nome **singular** indica **um só** elemento.

pé

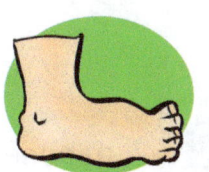

O nome **plural** indica **dois ou mais** elementos.

pés

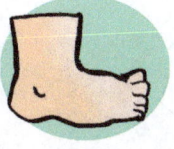

O jeito mais comum para se formar o plural é acrescentar -s .

Singular

macaco

bicicleta

Plural

macacos

bicicletas

Existem outras maneiras para se formar o plural.

1º) Aos nomes terminados em **-r**, **-s**, **-z** acrescenta-se -es .

Singular

colher

japonês

cartaz

Plural

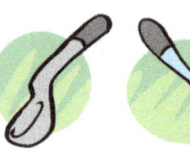

colheres

japoneses

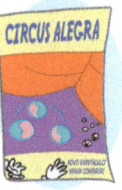

cartazes

2º) Os nomes terminados em **-ão** trocam o **-ão** por **-ões**, **-ãos** ou **-ães**.

Singular	Plural
pião	pi**ões**
mão	m**ãos**
pão	p**ães**

3º) Os nomes terminados em **-m** trocam o **-m** por **-ns**.

Singular	Plural
homem	home**ns**

4º) Os nomes terminados em **-al**, **-el**, **-ol**, **-ul** trocam o **-l** por **-is**.

Singular	Plural
animal	animais
carretel	carretéis
farol	faróis

ATIVIDADES

1 Escreva as frases no plural.

> O ratinho é branco e guloso.
> O**s** ratinho**s** **são** branco**s** e guloso**s**.

a) A estrela é brilhante e grande.

_____

b) A noite é escura e longa.

c) A rua é estreita e movimentada.

2 Leia as trovas.

> **Açucena** dentro d'água
> Atura quarenta **dias**.
> Meus **olhos** fora dos teus
> Não aturam nem um **dia**.
>
> Estas **meninas** de agora
> Só querem é namorar.
> Botam **panela** no **fogo**
> E não sabem temperar.

Escreva os nomes destacados nas colunas correspondentes.

Singular	Plural

3 **Observe a formação do plural:**

> coração – *corações*

Passe, agora, as frases abaixo para o plural:

a) O portão está fechado.

_____

b) Ela comprou camarão e mamão.

_____

c) Fiquei observando o avião.

_____

d) Ontem, eu comi melão.

_____

> irmão – *irmãos*

a) Meu irmão viajou.

_____

b) A luva não serviu em sua mão.

_____

c) Recolhi o grão de arroz.

_____

4 **Siga o exemplo:**

> motores – *motor*

colheres _____

colares   ....

narizes   ....

pastas   ....

mulheres   ....

flores   ....

5 **Leia uma página de um livro de que você gosta muito ou que gostaria de ler.**

Copie do texto da página nomes que aparecem no singular e nomes no plural.

Use o quadro abaixo para fazer o seu registro.

Singular	Plural

6 **Observe com atenção os jogos da velha a seguir.**

As palavras na vertical, na horizontal ou na diagonal que devem ser ligadas com um traço são aquelas que formam o plural do mesmo modo.

Descubra, em cada jogo, quais são essas palavras e ligue-as com um traço.

Para descobrir que palavras você deve ligar, escreva na linha embaixo de cada uma delas o plural.

livro	chinês	viagem
raiz	baú	papel
noz	pastel	avelã

farol	canal	aluguel
freguês	besouro	ponte
quadril	talher	cruz

10 Nome simples e nome composto

Enquanto peixe-martelo
bate: toque, toque, toque,
peixe-serra vai serrando:
roque, roque, roque, roque.

A zebra, a girafa e outros bichos, Milton Camargo.

O nome pode ser formado de **uma só palavra**. É um **nome simples**.

peixe   martelo   serra

O nome pode ser formado de **mais de uma palavra**. É um **nome composto**.

peixe-martelo

peixe-serra

ATIVIDADES

1 Junte as palavras e forme nomes compostos:

banana   roupa   *guarda-roupa*

guarda   raio   ....

para   noturno   ....

beija   socorro   ....

guarda   maçã   ....

pronto   flor   ....

2 Os nomes das figuras abaixo são compostos. Escreva-os.

....

3 Observe as palavras dos quadros. Pinte da mesma cor os quadros em que as palavras podem ser unidas, formando nomes compostos.

Escreva esses nomes nas linhas, colocando-os em ordem alfabética.

Use o hífen (–) para ligar as palavras que formam esses nomes.

bem	cabeça	Super	fino
vitória	guarda	Tira	quebra
grã	quebra	Cajá	régia
quebra	estar	Bate	boca
louça	teima	Homem	manga

....

....

....

4 Que nomes compostos você pode formar com as palavras abaixo?

pé ....

cachorro ....

lata ....

5 Descubra o nome do bichinho. Atenção: é um nome composto.

.... é um bichinho que até parece um farol, iluminando o caminho do amigo caracol.

6 Separe os nomes abaixo em simples e compostos.

pé de moleque   mês   pôr do sol   guarda-sol   armário
couve-flor   lápis   guarda-roupa   arco-íris
sorvete   matilha   livreiro

Nome simples	Nome composto

7 Escreva os nomes dos dias da semana. A seguir, circule os nomes simples.

_____

_____

8 Escreva um nome composto de:

a) uma fruta _____

b) um pássaro _____

c) um doce _____

d) um sanduíche _____

9 Invente frases com os seguintes nomes compostos:

a) guarda-sol

_____

_____

b) vaga-lume

_____

_____

c) girassol

_____

_____

d) pôr do sol

_____

_____

e) vira-lata

_____

_____

11 Nome primitivo e nome derivado

Plantei um abacateiro
para comer abacate.
Mas não sei o que plantar
para comer chocolate.

O nome **abacateiro** vem de outra palavra. É um **nome derivado**.
O nome **abacate** não vem de nenhuma palavra. É um **nome primitivo**.

Nome primitivo	Nome derivado
abacate	abacateiro
pão	padeiro
livro	livraria

ATIVIDADES

1 Adivinhe quem sou. Atenção: sou primitivo.

Sou o fruto da laranjeira. Sou a _____

Sou o fruto do pessegueiro. Sou o _____

Sou o fruto da bananeira. Sou a _____

Sou o fruto do coqueiro. Sou o _____

Sou o fruto da jabuticabeira. Sou a _____

Sou o fruto da figueira. Sou o _____

2 Leia o texto:

Meu limão, meu limoeiro,
meu pé de jacarandá,
Uma vez, tindolelê,
outra vez, tindolalá...

Retire do texto:

a) um nome derivado: _____

b) um nome primitivo: _____

3 Adivinhe minha profissão. Atenção: sou derivado.

Trato dos dentes. Sou o _____

Conserto sapatos. Sou o _____

Toco o piano. Sou o _____

Vendo flores. Sou o _____

Trabalho com ferro. Sou o _____

Trabalho num banco. Sou o _____

4 Complete as frases com nomes primitivos:

O sapateiro conserta os _____

O fazendeiro trabalha na _____

O lixeiro transporta o _____

O padeiro faz o _____

O livreiro vende o _____

5 Forme nomes derivados trocando a última vogal por *-eiro*:

terra _____

sapato _____

ferro   eiro _____

carta _____

pedra _____

6 Associe o nome primitivo ao derivado:

livro ● ● vidraçaria

● sorveteiro

sorvete ● ● padaria

● livraria

vidro ● ● vidraceiro

● sorveteria

pão ● ● padeiro

● livreiro

7 Forme uma frase usando o nome primitivo e o nome derivado.

a) bagunça – bagunceiro

_____

b) fazenda – fazendeiro

_____

12 Nome coletivo

Nesta rua, nesta rua tem um bosque
que se chama, que se chama solidão.
Dentro dele, dentro dele mora um anjo
que roubou, que roubou meu coração.

A palavra **bosque** indica uma grande quantidade de árvores. É um **nome coletivo**.

Vamos conhecer alguns coletivos:

Grande quantidade de	Coletivo
pássaros	bando
soldados	batalhão
livros	biblioteca
estrelas	constelação
peixes	cardume
alunos	classe

Grande quantidade de	Coletivo
discos	 discoteca
abelhas	 enxame
navios	 esquadra
aviões	 esquadrilha
bananas	 penca
flores	 ramalhete
ovelhas	 rebanho
índios	 tribo

ATIVIDADES

1) Vamos ver quem adivinha?

Uma grande quantidade de flores forma um _____.

Uma grande quantidade de peixes forma um _____.

Uma grande quantidade de estrelas é uma _____.

2) Complete as frases com um nome coletivo:

a) Nosso _____ possui vinte e seis letras.

b) Você encontrou o livro na _____ da escola.

c) A _____ perdeu um de seus aviões.

d) Numa _____ de índios quem manda é o cacique.

3) Faça de acordo com o exemplo:

> Uma plantação de laranjas é um *laranjal*.

a) Uma plantação de café é um _____.

b) Uma plantação de cana é um _____.

c) Uma plantação de milho é um _____.

4 **Numere a segunda coluna de acordo com a primeira:**

(1) conjunto de letras   ( ) cardume

(2) plantação de café   ( ) bando

(3) um conjunto de peixes   ( ) laranjal

(4) muitas estrelas   ( ) alfabeto

(5) um conjunto de livros   ( ) classe

(6) muitos soldados   ( ) batalhão

(7) plantação da laranjas   ( ) constelação

(8) muitos discos   ( ) cafezal

(9) um conjunto de alunos   ( ) discoteca

(10) um grupo de pássaros   ( ) biblioteca

5 **Complete com um nome coletivo:**

a) Uma grande quantidade de **livros** forma uma _____.

b) Uma grande quantidade de **soldados** forma um _____.

c) Uma grande quantidade de **abelhas** forma um _____.

6 **Dê o nome coletivo de:**

alunos _____   pássaros _____

índios _____   peixes _____

flores _____   bananas _____

7 Sublinhe os nomes coletivos:

a) Na fazenda de Paulo existe um canavial.

b) Aquela constelação se chama Cruzeiro do Sul.

c) Você já foi à biblioteca?

d) Marina sabe todo o alfabeto.

e) Um cardume de tubarões atacou aquele barco.

8 Procure no dicionário o significado destas palavras, que também são coletivos, e anote-o nas linhas.

a) século: _____

b) milênio: _____

c) década: _____

d) quinquênio: _____

13 Tamanho das coisas

Três gatos estavam brincando no pátio. Um era o Gato Amarelo. O outro, o Gatão Preto. E o menor de todos era o Gatinho Cinzento.

Havia uma grande poça d'água no pátio. O Gatinho Cinzento correu para lá e olhou para dentro da poça.

Na água ele viu um gato olhando para ele! O Gatinho Cinzento fez uma careta. O gato da poça d'água fez uma careta também!

O Gatinho Cinzento saiu correndo.

– Corram! Corram – gritou para os outros gatos. – Um gatão cinzento vem atrás de nós.

O gato medroso, Ofélia Fontes.

As coisas, as pessoas, os animais podem ser de tamanhos diferentes.

Tamanho normal	Tamanho pequeno	Tamanho grande
gato	gatinho	gatão

ATIVIDADES

1 Escreva os nomes na forma que indiquem tamanho pequeno.

Coluna 1	Coluna 2
planta	flor
muda	pastel
folha	irmã
casa	irmão
carro	leão

Para indicar tamanho pequeno, você usou terminações diferentes.

a) Qual a terminação que você usou na coluna 1?

_____

b) Qual a terminação que você usou na coluna 2?

_____

c) Use uma dessas terminações para indicar o tamanho pequeno de:

blusa		luz	
homem		anel	
colher		livro	
lençol		mesa	

2 Continue completando as frases:

a) Um peixe pequeno é um peixinho.

Um peixe grande é um ....

b) Um carro pequeno é um ....

Um carro grande é um ....

c) Uma cadeira pequena é uma ....

Uma cadeira grande é um ....

d) Uma caneca pequena é uma ....

Uma caneca grande é um ....

3 Passe lápis de cor azul nos nomes que indicam algumas coisas em tamanho maior.

Passe lápis de cor vermelha nos nomes que indicam alguma coisa em tamanho menor.

Depois, escreva-os no quadro.

L	U	G	A	R	E	J	O	X	M	A	L	E	T	A	B	X	D	M
M	A	L	O	N	A	X	M	A	P	E	X	V	S	Z	M	R	T	C
B	A	R	C	A	Ç	A	P	S	L	U	R	B	I	X	B	H	A	Q
S	A	L	E	T	A	X	P	C	N	T	F	O	G	A	R	É	U	M
R	A	P	A	Z	O	L	A	D	V	M	I	S	B	A	L	A	Ç	O
C	A	S	A	R	Ã	O	B	U	R	F	D	E	D	I	N	H	O	V

Tamanho menor	Tamanho maior

a) Compare os nomes que indicam tamanho menor: todos terminam em **inho**?

b) E os nomes que indicam tamanho maior: todos terminam em **ão**?

c) Escreva uma conclusão sobre o que você observou.

14 Características dos nomes

Tucano

Voa tucano
verde
No céu azul.
Amarelo
no céu anil.

(Voa tucano
cutucando cores)

Azul,
na mata
Bonita
do Brasil.

De três em três, de reis em reis,
Mônica Versiani Machado.

As coisas, as pessoas, os animais e os lugares não são iguais.

tucano **verde**

céu **azul**

mata **bonita**

As palavras **verde**, **azul** e **bonita** comunicam como são o tucano, o céu e a mata, isto é, comunicam as características deles.

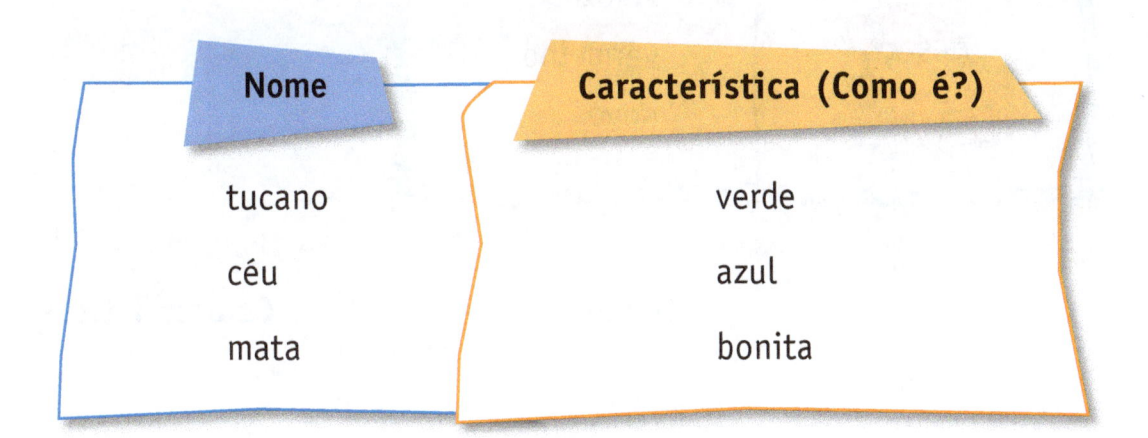

Nome	Característica (Como é?)
tucano	verde
céu	azul
mata	bonita

Todas as coisas, todas as pessoas, todos os animais e todos os lugares têm características.

Nome	Características
bicicleta	pequena nova colorida

Nome	Características
menino	gordo esperto feliz

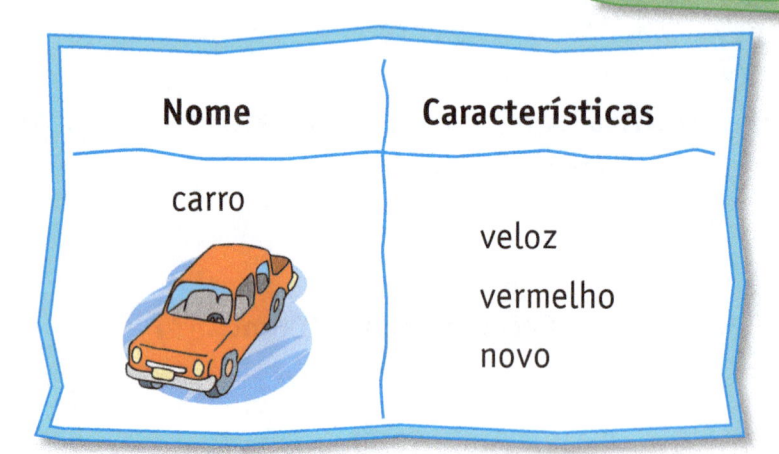

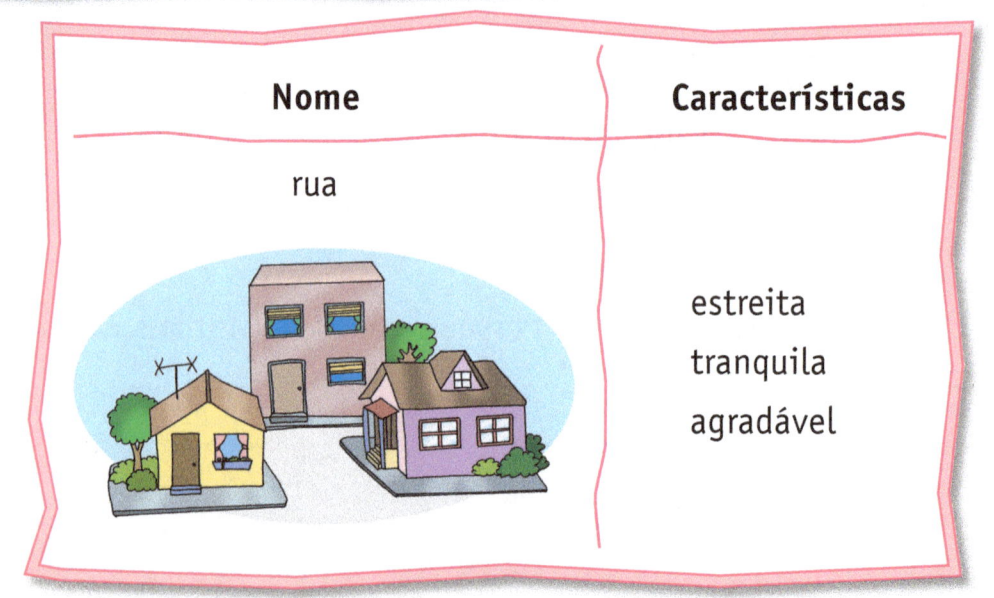

Nome	Características
carro	veloz vermelho novo

Nome	Características
rua	estreita tranquila agradável

ATIVIDADES

1 Dê uma característica para cada animal representado na ilustração.

O gato é _____.

O porquinho é _____.

O macaco é _____.

O coelho é _____.

2 Complete as frases, dando uma característica para os nomes destacados:

a) Lúcia ganhou uma **boneca** _____.

b) Nós estudamos numa **sala** _____.

c) Qué-Qué é um patinho de **penugens** _____.

d) Xodó é um **gatinho** _____.

3 Escreva o nome de dois objetos que estejam perto de você. Dê duas características para cada um.

_____ _____ e _____

_____ _____ e _____

4 Complete o texto com as características colocadas no quadro abaixo:

vermelha – azuis – pretos

Eu sou uma boneca de pano. Cabelos _____, boca _____, nariz que é um torrãozinho, olhos _____ como céu sem nuvem. Eu sou de Luísa e gosto dela como se gosta do melhor amigo.

5 Para cada nome, dê uma característica que indique a cor.

flor _____   camisa _____

calça _____   bolsa _____

saia _____   vestido _____

céu _____   nuvem _____

6 Ligue o nome à sua característica:

Nome	Característica
rua	azeda
olhos	colorido
mãos	estreita
laranja	delicadas
rio	verdes
peixe	profundo

7 Escreva três características para cada figura.

menina

_____
_____

casa

_____
_____

121

maçã

_____
_____

8 Leia o texto com atenção:

*Ó espelho, dizei-me ainda,
Das mulheres qual a mais linda?*

Mas a resposta não foi a esperada e, sim, esta:

*Já fostes a mais bela, rainha donairosa,
Mas hoje, bem longe, no sombrio mato,
Vive Branca de Neve, agora a mais formosa,
Com pequeninos anões, à beira dum regato.*

Branca de Neve, Irmãos Grimm.

Complete as frases com as características que estão no texto.

a) Já fostes a mais _____.

b) Mas hoje, bem longe, no _____ mato.

c) Vive Branca de Neve, agora a mais _____.

d) Com _____ anões, à beira dum regato.

15 Palavras de ação

O Pato

O Pato pateta
Pintou o caneco
Surrou a galinha
Bateu no marreco
Pulou do poleiro
No pé do cavalo
Levou um coice
Criou um galo

Comeu um pedaço
De jenipapo
Ficou engasgado
Com dor no papo
Caiu no poço
Quebrou a tigela
Tantas fez o moço
Que foi pra panela.

A Arca de Noé, Vinícius de Moraes.

Veja as palavras destacadas:

> **Surrou** a galinha.
> **Pulou** do poleiro.
> **Quebrou** a tigela.

As palavras **surrou**, **pulou** e **quebrou** comunicam o que o pato faz. São chamadas **palavras de ação**.

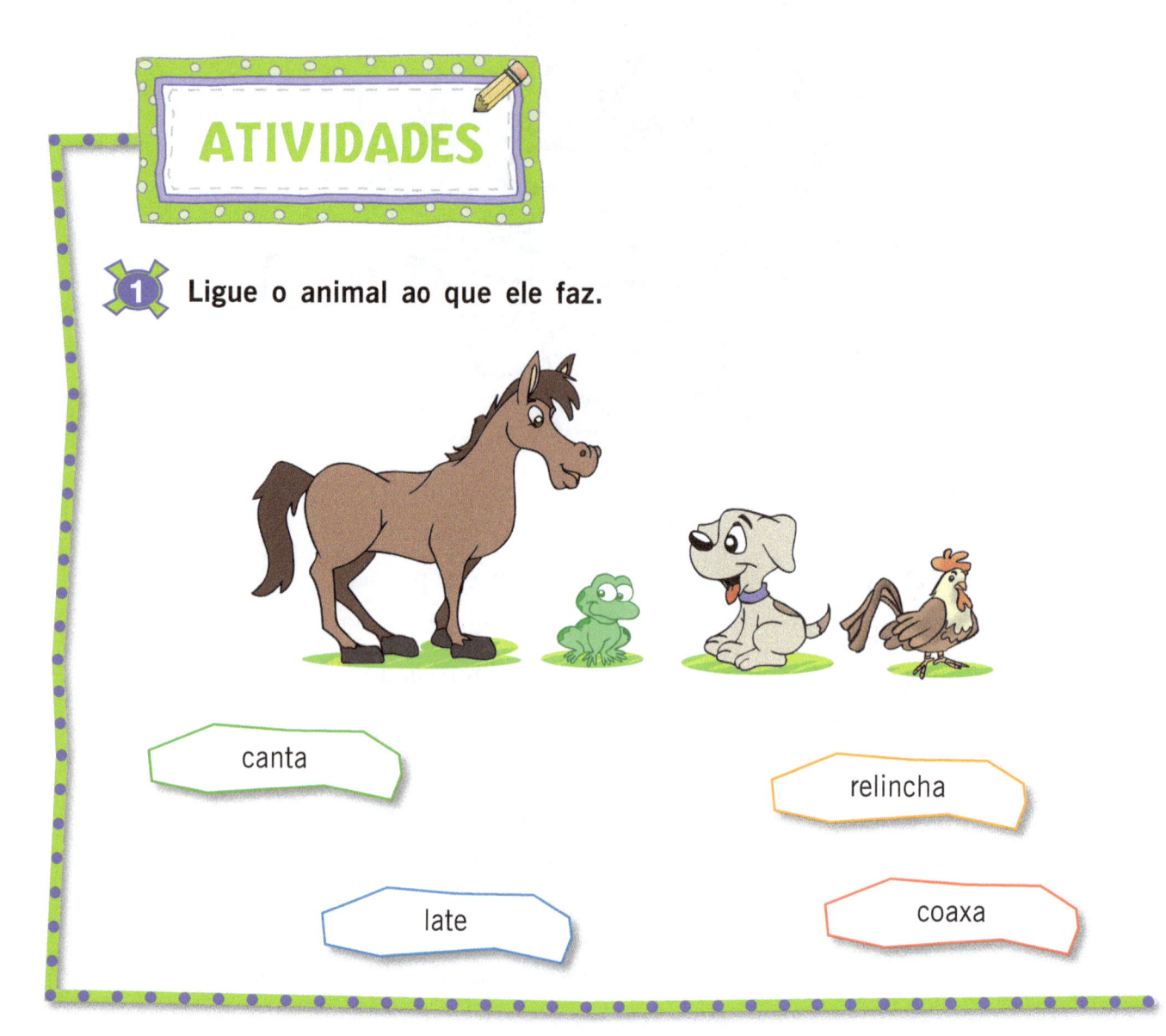

ATIVIDADES

1 Ligue o animal ao que ele faz.

canta

relincha

late

coaxa

2 Todo dia, desde a hora em que você acorda até a hora em que vai dormir, você realiza uma série de ações. Escreva tudo o que você faz. Depois, sente-se com um colega e comparem os textos. Será que o dia a dia de vocês é parecido?

Eu acordo _____

_____

_____

_____

_____

_____

3 Circule as palavras de ação presentes no texto abaixo.

– Cadê o toucinho que estava aqui?

– O gato comeu.

– Cadê o gato?

– Foi pro mato.

– Cadê o mato?

– O fogo queimou.

– Cadê o fogo?

– A água apagou.

– Cadê a água?

– O boi bebeu.

– Cadê o boi?

– Está amassando trigo.

– Cadê o trigo?

– A galinha espalhou.

– Cadê a galinha?

– Está botando ovo.

4 Complete as frases com uma palavra de ação:

a) O menino _____ os olhos devagar.

b) O gato _____ o muro da escola.

c) A professora _____ os exercícios.

d) O goleiro _____ a bola.

5 Forme frases com cada palavra de ação:

cair _____

_____

sonhar _____

_____

escrever _____

_____

inventar _____

_____

chorar _____

_____

6 Complete o texto com as palavras de ação colocadas no quadro.

> deu – comeu – cresceu – plantei – cuidei

_____ um pé de feijão lá no fundo do quintal.
_____ dele com carinho.
E o que foi que aconteceu?

Ele _____ tanto, tanto,
_____ tanto feijão bonito,
que todo mundo _____.

126

16 Pessoas de uma ação

– Ele me contou.
– Quem?
– O passarinho. Eu até escrevi o caso; veja aqui neste papel:

Saltando do ninho,
Um passarinho,
De carinha amarela,
Pintou na janela,
Piscou os olhinhos e disse:
"Na cama até esta hora, menina!
Que vergonha! Já pra fora,
Dona Carolina!"

– Você também escreve versinho pra criança?
– Escrevo. Mas esse do passarinho foi um inglês que escreveu.

A arte de ser neta, Paulo Mendes Campos.

Veja as palavras destacadas:

> — **Ele** me contou.
> — Quem?
> — O passarinho. **Eu** até escrevi o caso.
> (...)
> **Você** também escreve versinho pra criança?

As palavras **ele**, **eu**, **você** indicam quem faz a ação, isto é, a pessoa que faz uma ação.

Pessoa (Quem?)	Ação (O que faz?)
Eu	**escrevi** o versinho.
Ele	**escreveu** o versinho.
Ela	**escreveu** o versinho.
Você	**escreveu** o versinho.
Nós	**escrevemos** o versinho.
Eles	**escreveram** o versinho.
Elas	**escreveram** o versinho.
Vocês	**escreveram** o versinho.

ATIVIDADES

1 No texto seguinte faltam palavras que indicam a pessoa que fez a ação. Complete-o com as palavras *eu – ela – ele – nós* que representam as pessoas da ação.

Fufua é meu grande amigo. _____ dois nos entendemos muito bem. _____ até conversa com uma amiga que _____ tenho, a Teresa. Os outros não acreditam que _____ existe. Dizem que é "amiga imaginária". Pode? Pois _____ garanto que da janela do meu quarto dá pra ver a grande casa cor-de-rosa, onde _____ mora.

_____ descasca as laranjas mais redondinhas que _____ já vi. A casca sai inteirinha, encaracolada. _____ faz isso sempre no café da manhã, comigo no colo. Acho vovô tão alegre e bonito, com pijama branco de listas vinho e com roupão cinza, de seda, que combina com seu cabelo ralo e com seu rosto gorducho e rosado.

O avô mágico, Ana Lúcia Brandão.

2 Observe as cenas, imagine e escreva, nos balões, as falas das personagens. Nas falas, use as palavras *eu*, *ele*, *ela*, *nós* e palavras que indiquem ação.

131

132

17 Tempos de uma ação

Dois beijos tenho memória
Que jamais esquecerei
O último de minha mãe
E o primeiro que te dei.

Uma ação pode acontecer no tempo:

a) **passado** (ontem):

> O primeiro beijo que te **dei**.

b) **presente** (agora):

> Dois beijos **tenho** memória.

c) **futuro** (amanhã):

> Jamais **esquecerei** os dois beijos.

Cantar

Presente	Passado	Futuro
Eu canto	Eu cantei	Eu cantarei
Você canta	Você cantou	Você cantará
Ele/Ela canta	Ele/Ela cantou	Ele/Ela cantará
Nós cantamos	Nós cantamos	Nós cantaremos
Vocês cantam	Vocês cantaram	Vocês cantarão
Eles/Elas cantam	Eles/Elas cantaram	Eles/Elas cantarão

Vender

Presente	Passado	Futuro
Eu vendo	Eu vendi	Eu venderei
Você vende	Você vendeu	Você venderá
Ele/Ela vende	Ele/Ela vendeu	Ele/Ela venderá
Nós vendemos	Nós vendemos	Nós venderemos
Vocês vendem	Vocês venderam	Vocês venderão
Eles/Elas vendem	Eles/Elas venderam	Eles/Elas venderão

Dividir

Presente	Passado	Futuro
Eu divido	Eu dividi	Eu dividirei
Você divide	Você dividiu	Você dividirá
Ele/Ela divide	Ele/Ela dividiu	Ele/Ela dividirá
Nós dividimos	Nós dividimos	Nós dividiremos
Vocês dividem	Vocês dividiram	Vocês dividirão
Eles/Elas dividem	Eles/Elas dividiram	Eles/Elas dividirão

ATIVIDADES

1 Escreva nos espaços:

a) uma ação que você está realizando neste momento:

_____
_____

b) três ações que você realizou no dia de ontem:

_____
_____

c) três ações que você realizará amanhã:

_____
_____

2 Você sabe como é a brincadeira chamada queimada? Leia o texto e descubra.

Queimada

(ou *baleado, bola-queimada, caçador, cemitério, matar-morreu*)

Dois times se colocam um em cada lado de um espaço grande, como uma quadra de esportes. Quem fica com a bola tem de queimar alguém do outro time: acertá-lo com a bola.

Se conseguir, o queimado vai para a cadeia. Cada time tem sua cadeia, que fica atrás do seu lado na quadra.

Se o queimado agarrar a bola, pode correr e tentar queimar um inimigo.

Quem está na cadeia também participa. O queimador pode tabelar, jogando a bola para alguém da cadeia queimar o inimigo por ele.

Se o preso conseguir, volta correndo para o seu time. Ganha quem conseguir prender todos os adversários.

Também dá para jogar marcando tempo. Daí o vencedor é quem conseguir prender mais gente no tempo combinado.

Folha de S.Paulo, Brasil – 500 brincadeiras, 16/04/2000.

a) Escolha duas frases do texto e reescreva-as, mudando as palavras que indicam ação para o tempo passado.

1. ....

2. ....

b) Escolha duas outras frases do texto e reescreva-as, mudando as palavras que indicam ação para o tempo futuro.

1. ....
   ....

2. ....
   ....

3 **A piada seguinte foi contada no tempo presente. Reescreva-a contando os fatos no tempo passado. Atenção: Não é preciso mudar o tempo da fala das personagens.**

Juquinha, pela primeira vez, vai passar todo o mês de férias apenas na companhia de sua avó, no interior. Sua mãe, preocupada, leva o garoto até a rodoviária, abraça-o forte, dá-lhe adeus e diz:

— Meu filho, vai com Deus.

Juquinha corre, então, em direção ao ônibus, mas, estabanado, tropeça na guia da calçada e cai. Bravo, Juquinha levanta-se, vira-se e resmunga:

— Quer vir comigo, tudo bem. Mas não empurra.

Os sinais

Lição 1   Ponto

Lição 2   Vírgula

Lição 3   Travessão e dois-pontos

Lição 4   Acento agudo

Lição 5   Acento circunflexo

Lição 6   Til

Lição 7   Cedilha

1 Ponto

King Features Syndicate/IPRESS

Existem três tipos de ponto:

a) ponto final (.);

b) ponto de interrogação (?);

c) ponto de exclamação (!).

O **ponto final** é usado no fim de frases afirmativas ou negativas:

A personagem tomou banho sem usar sabonete .

A personagem não queria tomar banho .

O **ponto de interrogação** é usado no fim de frases interrogativas:

Usou sabonete ?

Shampoo ?

O **ponto de exclamação** é usado no fim de frases exclamativas:

Que banho excelente !

Ótimo !

ATIVIDADES

1 No final das frases que formam o texto a seguir, falta um ponto. Coloque o ponto adequado, de acordo com a história.

O pega-pega

O gato vem de lá _____

O galo vem de cá _____

O gato falou:

– Vamos pegar o rato _____

O galo falou:

– Vamos _____

O galo falou:

– Você vai por lá e eu vou por cá _____

E o gato falou:

– Não! Eu vou por cá e você vai por lá _____

O galo falou:

– Você não sabe de nada _____

E o gato falou:

– Quem não sabe de nada é você _____

O galo pegou o gato _____

O gato pegou o galo _____

Lá longe o rato ria, ria _____

O trem, Mary França e Eliardo França.

2 **Copie e coloque o ponto final ou o ponto de interrogação, de acordo com as frases.**

a) Sapinho, de onde você veio

Eu vim do rio

_____

_____

b) Como vai você

Eu vou bem

_____

_____

3 Encobrimos a pontuação do final das frases do texto a seguir. Há nele três frases interrogativas. Quais são elas?

Vaga-lume

Você já reparou naquele bichinho que vive piscando de noite ✽ Você sabe por que os vaga-lumes piscam ✽ A vaga-lume fêmea pisca para avisar ao macho que ele pode se aproximar dela para o acasalamento ✽ O pisca-pisca também serve para espantar os inimigos porque toda vez que a luz pisca se produz uma substância tóxica no corpo do vaga-lume ✽ Está vendo como os animais podem se comunicar pela linguagem do pisca-pisca ✽

Ciência Hoje das Crianças, nº 22.

a) _____
b) _____
c) _____
_____
_____

4 Reescreva o texto seguinte, trocando o sinal ✽ por um dos pontos colocados no quadro.

> . ? !

Quando ficou de noite, a Margarida começou a tremer ✽ Aí, passou a Borboleta Azul ✽
A Borboleta parou de voar ✽
— Por que você está tremendo ✽
— Que frio ✽

5 As frases que você vai ler a seguir são de um trecho do livro *Carolina*, de Walcyr Carrasco.

Só que elas estão desordenadas e sem pontuação.

Leia as frases com atenção, ordene-as e pontue-as, usando ponto final e de exclamação.

Uma dica: três frases têm ponto final e as outras duas, ponto de exclamação.

O arco-íris ficava incrível

Um dia retocava o laranja, no outro aumentava o brilho do azul

Carolina morava no alto de um arco-íris

Deixava todo mundo de boca aberta quando passava por cima das cidades molhadas de chuva

Era a própria Carolina quem pintava o arco-íris

Carolina, Walcyr Carrasco.

2 Vírgula

A vírgula (,) é um sinal usado dentro da frase para:

a) separar palavras numa enumeração:

> *Paulo, Sabrina, Carla* e *Luís* foram ao cinema.

> Nós compramos *papel, caderno, lápis* e *borracha*.

b) separar grupos de palavras que indicam tempo ou lugar.

> *Lá na mata,* mora o menino Poti.

c) separar as ações de uma personagem:

> O cachorrinho *latiu, abanou o rabo, pulou no dono* e *ficou esperando um carinho*.

ATIVIDADES

1 Reescreva as frases, usando corretamente a vírgula.

a) Participaram da festa o galo a coruja o sabiá e o bem-te-vi.

_____

_____

b) O leite os ovos as verduras e os legumes são alimentos.

c) Mamãe comprou tomates ovos laranjas e doces.

d) Os alunos a professora os pais e o diretor estavam presentes.

2 **Use a vírgula para separar um grupo de palavras que indica tempo ou lugar.**

a) No mesmo instante a onça saiu correndo e fugiu.

b) No meio da mata apareceu um bicho enorme.

c) Naquela manhã a Centopeinha acordou mais cedo.

3 **Copie as frases, colocando a vírgula para separar as ações da personagem.**

a) Dona Centopeia abriu a bolsinha pagou os sapatos e se despediu da Joaninha.

b) A menina levantou lavou o rosto escovou os dentes e foi tomar café.

_____

4 **Coloque a vírgula quando for necessário.**

a) Na escola as crianças estudam brincam cantam e pintam.

b) Saltar nadar correr e jogar são esportes sadios.

c) Falar ouvir ler escrever criar e pesquisar são atividades importantes.

d) Fábio gosta de correr pular e conversar.

5 **Invente uma frase contando quatro ações da personagem. Não se esqueça de separar essas ações por vírgula.**

> O cachorro latiu, abanou o rabo, cheirou e pulou no dono.

a) O gato _____

b) O macaco _____

c) A professora _____

d) O vento _____

6 **Pense em pelo menos cinco ações que você faz depois que sai da escola. Em uma folha à parte, escreva essas ações, mas não na ordem em que acontecem.**

Troque a sua folha com um colega de classe.

Cada um deverá organizar as ações em uma frase, separando-as por vírgula e colocando-as na sequência em que acha que acontecem. Quando terminarem, sentem-se juntos e confiram a frase que cada um escreveu.

3 Travessão e dois-pontos

O galo deu uma bota para o gato.
O gato falou:
– A bota é uma boa casa!
Veio a gata e falou:
– Uma casa para os nossos filhotes!

A bota do bode, Mary França e Eliardo França.

Dois-pontos

No texto, foram usados os dois-pontos para anunciar a fala da personagem.

O gato falou :

– A bota é uma boa casa!

Travessão

O travessão é um sinal colocado antes da fala da personagem.

O gato falou :

– A bota é uma boa casa!

ATIVIDADES

1 Reescreva o texto, substituindo o sinal ❁ por dois-pontos ou por travessão.

O bode falou para o rato ❁
❁ O céu pegou fogo!
O rato falou para a pata ❁
❁ O céu pegou fogo!

....
....
....

2 Reescreva o texto usando corretamente dois-pontos e travessão.

A porta não tinha trinco nem fechadura, mas estava fechada e não abria. A porta perguntou o que é, o que é: tem dente, mas não morde? Maneco Caneco respondeu alho! E a porta abriu.

....
....
....
....
....

4 Acento agudo

Lá em cima daquele morro
Tem um pé de abricó
Quem quiser casar comigo
Vá pedir a minha avó

Veja as palavras:

p**é**   v**á**   abric**ó**   av**ó**

O sinal usado nas vogais é chamado **acento agudo** (´).
O acento agudo indica que a vogal tem **som aberto**.

ATIVIDADES

1 Pinte os quadros das palavras que devem ter acento agudo.

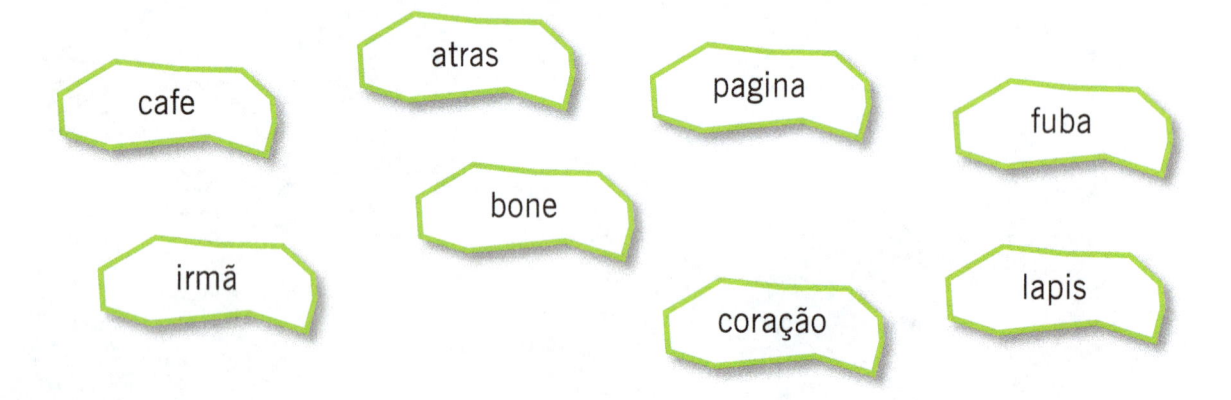

- cafe
- atras
- pagina
- fuba
- bone
- irmã
- coração
- lapis

2 Reescreva as frases acentuando as palavras que devem ser acentuadas.

a) Escondi o lapis e os oculos atras da arvore.

_____

b) Ela tomou cafe na xicara da vovo.

_____

c) O medico trabalha numa clinica.

_____

d) Eu não gosto de matematica, mas gosto de historia.

_____

3 Em algumas palavras da poesia abaixo, não foi usado o acento agudo. Acentue as palavras que necessitem do acento agudo.

Adivinhe quem quiser

O que e o que e
que tem bico
e tem pe
que e amarelo
azul não e?

O que e o que e
que mora la na lagoa
vizinho do jacare
que e de pena
de couro não e?

De três em três, de reis em reis,
Monica Versiani Machado.

4 Os versinhos que você vai ler a seguir são trechos de cantigas de roda. Use as palavras do quadro para completar os espaços em branco nos versos. Mas, atenção: todas as palavras levam acento agudo. Ao escrevê--las nos espaços, acentue-as.

filo – ceu – pe – cafe – sinha – abobora

pe – maracujá – chamine – sinha

151

De _____ faz melão,
De melão faz melancia.
Faz doce, _____, faz doce, _____,
Faz doce de _____.

Eu vi três meninas
Na _____;
Tão pequeninas
Fazendo _____!

O _____ estava escuro
Mas não é para chover
Meu amor está doente
Mas não é para morrer.

A barata diz que tem
Sete saias de _____.
É mentira da barata
Ela tem é uma só.

Eu plantei um _____ de rosa
Para te dar um botão.
O _____ de rosa morreu, ai, ai, ai!
Eu te dou meu coração.

5 Acento circunflexo

> Quando Pedro descobriu
> que um bebê crescia dentro
> da barriga da mamãe
> disse a ela – chega aqui!
> Pôs a boca em seu umbigo,
> qual bocal de telefone,
> pra falar com seu irmão.
>
> *Pare no P da poesia*, Elza Beatriz.

Veja as palavras:

bebê   ônibus   lâmpada

O sinal usado nas palavras **bebê, ônibus** e **lâmpada** chama-se **acento circunflexo** (^).

O acento circunflexo é usado nas vogais de **som fechado**.

ATIVIDADES

1 Copie de um dicionário palavras que levem acento circunflexo, cada uma iniciando com uma letra do alfabeto.

Depois, reúna-se com mais dois colegas.

Organizem, juntos, uma lista de todas as palavras que vocês copiaram, colocando-as em ordem alfabética. Se houver palavras repetidas, copiem uma vez só. Cada um poderá escrever a sua lista no caderno.

2 Em quais das palavras do quadro você deve colocar acento circunflexo?

flamula	doce	higiene	tenis
taxi	mãe	trico	bibelo
pavão	voce	mes	quilometro

3 Copie as frases substituindo os desenhos por palavras. Não esqueça de usar o acento circunflexo.

a) Eu vou para a escola de ![ônibus] e sempre levo um ![pão] para o lanche.

154

b) Eu ganhei um par de .... , mas gostaria de ter recebido um ....

_____

4 **Complete as frases com palavras que tenham acento circunflexo.**

a) Fui de _____ para a casa de vovô.

b) Você trocou as três _____ da sala?

c) O _____ vendia _____ para o _____.

d) Mamãe pôs um pedacinho de maçã na boca do _____.

6 Til

Sou pequenininho
Do tamanho de um botão
Trago papai no bolso
E mamãe no coração

coração   botão   corações

Essas palavras têm um sinal colocado sobre as vogais **a** e **o**.
Esse sinal chama-se **til** (~).

O til é colocado sobre as vogais **a** e **o** quando são pronunciadas com **som nasal**. Som nasal é aquele que sai pela boca e pelo nariz ao mesmo tempo.

ATIVIDADES

1 Copie as palavras, colocando corretamente o til.

mamae _____ violao _____

chao _____ paes _____

baloes _____ irma _____

aviao _____ avioes _____

2 Escreva as palavras no plural, seguindo os exemplos:

> mão – *mãos*
> leão – *leões*

irmão _____ avião _____

órfão _____ mamão _____

cidadão _____ gavião _____

grão _____ limão _____

3 Você deve conhecer os versos abaixo. Complete com as palavras que faltam.

Batatinha quando nasce

Deita a rama pelo _____

A menina quando canta

Põe a _____ no _____

4 **Coloque o til quando necessário:**

a) Nós precisamos da participaçao dos cidadaos.

b) Mamae viajou de aviao para o Japao.

c) Meu irmao estourou os baloes e queimou-se no fogao.

d) Todos dançarao no salao decorado com baloes azuis.

e) A festa será no casarao branco.

5 **Complete a cruzadinha com os nomes das figuras.**

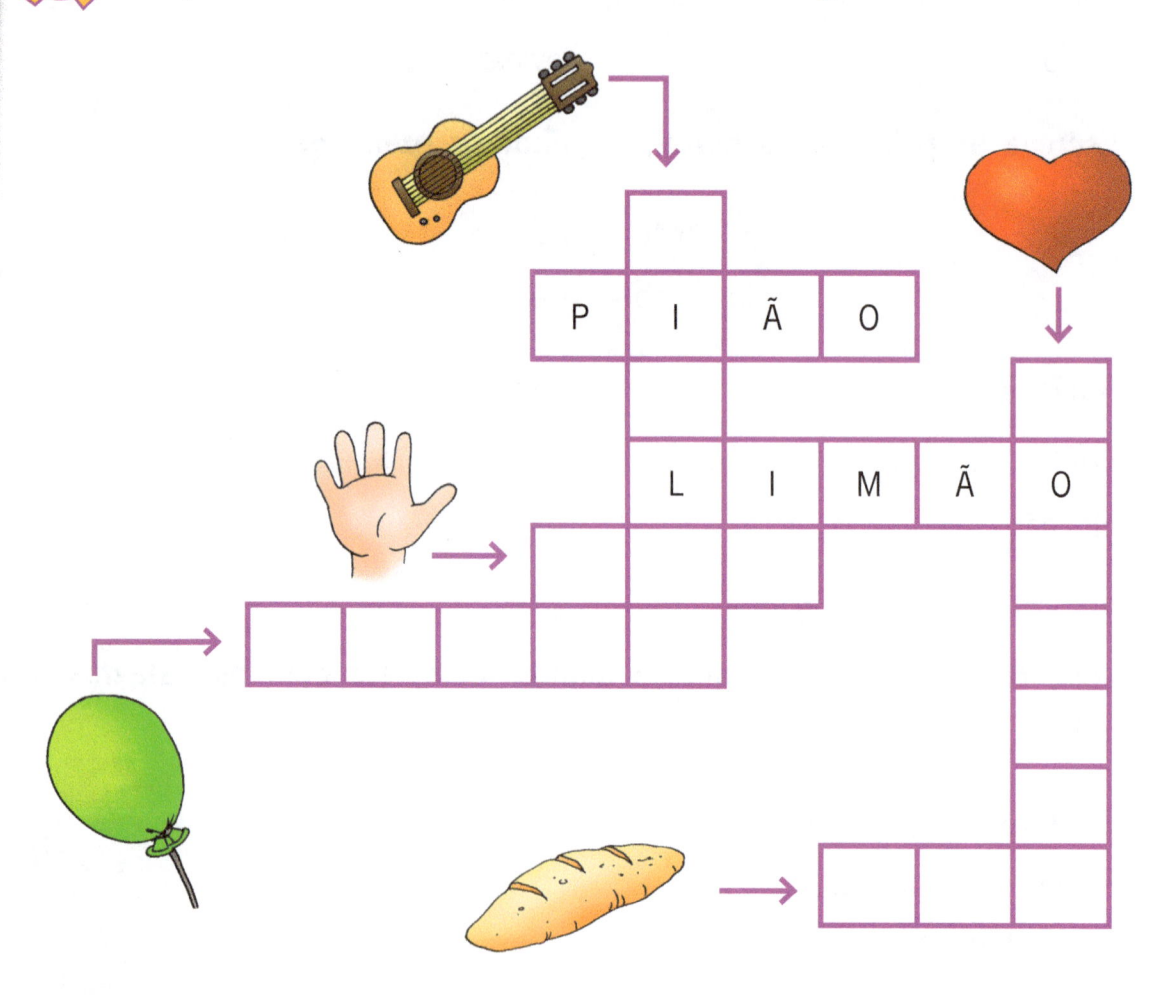

P I Ã O

L I M Ã O

6 Leia o texto abaixo e use o til sempre que for necessário.

Café com leite

Café com leite
manteiga e pao.
Uma mao na caneca
e outra no mamao.

Mas eu vi o menino
olhando ali de pé;
sem mae, sem pao,
e sem café.

Dei pra ele o mamao;
ele nao quis.
Dei pra ele a minha mao:
e ele ficou feliz.

Café com leite, Renata Pallotini.

7 Cedilha

Com inveja das crianças,
a girafa estica o pescoço
e come uma nuvem branca,
pensando que é algodão-doce.

A zebra, a girafa e outros bichos,
Milton Camargo.

A cedilha (¸) é um sinal usado nas sílabas **ça**, **ço** e **çu** para que o **c** fique com o som de **s**.

criança   açúcar   pescoço

Não se usa a cedilha no começo de palavras.

ATIVIDADES

1 Veja o que as palavras têm em comum e distribua em dois grupos.

poço – pescoço – pássaro – passeio – tosse
abraço – professora – depressa – criança – caçador
açúcar – caçula – sessenta – dança – classe
assado – assalto – assustado – cabeça – pedaço

Grupo 1	Grupo 2

a) O que as palavras do grupo 1 têm em comum?

b) O que as palavras do grupo 2 têm em comum?

c) Quanto ao som, o que existe em comum entre esses dois grupos?

d) Para o **c** ter o mesmo som de **ss**, que sinal foi usado?

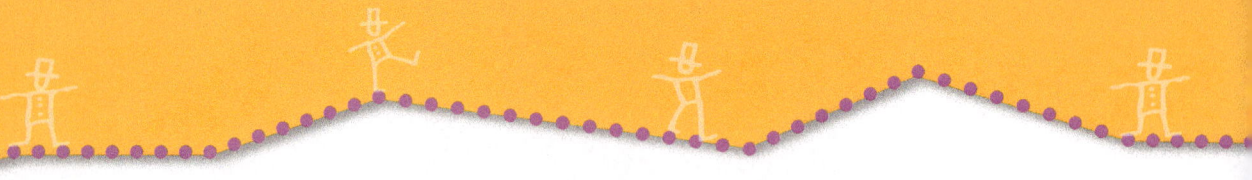

2 Copie o texto, colocando a cedilha quando for necessário.

O palhaco desfila pela cidade em um carro, não em uma carroca. No pescoco, ele tem um laco vermelho de cetim. Na cabeca, um chapéu roxo.

A criancada foi ao circo e se divertiu com as palhacadas.

3 Escreva de acordo com o exemplo:

começar	eu *começo*	ele	*começa*
balançar		ele	
laçar		ele	
coçar		ele	
abraçar		ele	

4 Invente uma frase com as palavras:

a) maçã

b) açúcar

Ortografia

Lição 1	Palavras com *m/n*
Lição 2	Palavras com *as, es, is, os, us* (medial)
Lição 3	Palavras com *s/z* (final)
Lição 4	Palavras com *s/z*
Lição 5	Palavras com *r/rr*
Lição 6	Palavras com *ar, er, ir, or, ur*
Lição 7	Palavras com *lha/lia*
Lição 8	Palavras com *gue/gui, que/qui*
Lição 9	Palavras com *qua/gua*
Lição 10	Palavras com *ge/gi, je/ji*
Lição 11	Palavras com *ch/x*
Lição 12	Palavras com *l/u* (final)
Lição 13	Palavras com *l/u* (medial)
Lição 14	Palavras com *ça/ço/çu, ce/ci*
Lição 15	Palavras com *se/si, ce/ci*
Lição 16	Palavras com *ç/ss*
Lição 17	Palavras com *h*
Lição 18	Palavras terminadas em *-ão* e *-am*
Lição 19	Palavras com *s/ss*

1 Palavras com M/N

A bomba

Como o tombo de um gigante,
a bomba explodiu no ar.
A bomba virou nuvem.

E uma pomba que passava
Tombou e morreu.

A lâmpada se apagou.
E uma sombra cobriu o mundo.

Era o fim.

Hermínio Sargentim

O **M** e o **N** são dois irmãos. Mas como são diferentes!

*SOU UM POUCO ENVERGONHADO. PREFIRO FICAR SOZINHO NO FINAL DAS PALAVRAS. OU ENTÃO NA COMPANHIA DE MEUS AMIGOS INSEPARÁVEIS: **P** E **B**.*

Palavras com AM	Palavras com EM	Palavras com IM	Palavras com OM	Palavras com UM
bambu	alguém	boletim	bom	atum
campo	dezembro	cachimbo	bomba	bumbo
estampa	embaixo	carimbo	bombom	bumbum
lâmpada	embora	imperador	bombril	chumbo
lamparina	embrulho	importante	composição	jejum
rampa	empada	jardim	compositor	rum
samba	emprego	jasmim	comprido	umbigo
tambor	empurrão	limpeza	comprimento	
tampa	lembrar	limpo	lombo	
vampiro	ninguém	marfim	marrom	
	ontem	patim	ombro	
	porém		pombo	
	sempre		som	
	temperatura		sombra	
	tempero		tom	
	tempestade		tombo	
	tempo			

SOU ALEGRE E GOSTO DE BRINCAR COM TODAS AS LETRAS. SÓ NÃO SUPORTO FICAR NA FRENTE DO **B** E **P**.

Palavras com AN	Palavras com EN	Palavras com IN	Palavras com ON	Palavras com UN
amante	encantado	cinto	bonde	anúncio
andar	encanto	cinza	contato	corcunda
andorinha	encontro	incrível	conto	fundo
anjo	encostar	indústria	contra	imundo
anta	enfarte	infância	encontro	mundo
antigo	enfermeiro	inflação	fonte	segundo
atlântico	enfezado	injeção	honra	vagabundo
banco	engoliu	inquilino	monte	
cansado	engordar	inseto	onça	
distante	enjoo	inteiro	onda	
durante	enrolar	interesse	ontem	
elefante	ensaio	intrometido	onze	
emocionante	ensino	invasão	ponte	
espanto	entendido	inveja	ponto	
grande	enterro	inventor	pronto	
jantar	entrada	labirinto	tonto	
manga	enxada	minto		

Palavras com AN	Palavras com EN	Palavras com IN
manto	lenço	ouvinte
planta	mentira	pedinte
portanto	ventania	pintura
refrigerante	vento	quinze
santo		tinta
visitante		

ATIVIDADES

1. Copie, em seu caderno, o texto "A bomba". Circule com lápis colorido as palavras escritas com *m* antes de *p* e *b*.

2. Complete com *m* ou *n* e escreva as palavras novamente:

ve___to _____   mu___do _____

te___po _____   de___te _____

ja___bo _____   ra___pa _____

sa___ba _____   o___bro _____

li___po _____   ba___bu _____

3 Vamos brincar de jogo da velha?

Sente-se com um colega. Tirem par ou ímpar para escolher quem começa o jogo. Quem começa, escreve uma palavra em um dos espaços do diagrama.

Mas, atenção: vocês só devem escrever palavras com *n* ou *m* em final de sílaba. Ganha o jogo quem conseguir escrever primeiro, na horizontal, na vertical ou na diagonal, três palavras com *m* ou três palavras com *n* em final de sílaba.

Vocês podem jogar três vezes, usando os diagramas do livro, ou mais, se quiserem. É só traçar o diagrama no caderno ou em uma folha à parte.

168

4 Complete o texto com as palavras do quadro:

> elefante – onça – ponte – pombo
> bambu – contou – bombeiro – fundo

O elefante e a onça

A _____ foi atravessar o rio numa _____ de _____.

O bambu quebrou e a _____ caiu no _____ do rio.

O bem-te-vi viu e falou:

– Bem te vi! Bem te vi!

O _____ também viu e voou.

_____ para o elefante, que é o _____ da mata.

O _____ veio. Derrubou uma árvore e salvou a pobre _____.

2 Palavras com AS, ES, IS, OS, US (medial)

Susto

Um hipopótamo turista
– é estranho mas é verdade –
saiu da selva e foi ao dentista
no centro da cidade.

A recepcionista ficou louca,
fugiu toda a clientela,
e quando o bicho abriu a boca
o dentista saltou pela janela.

A dança dos pica-paus, Sidônio Muralha.

Palavras com AS	Palavras com ES	Palavras com IS	Palavras com OS	Palavras com US
asfalto	esconder	alpiste	aposta	busca-pé
casca	escova	artista	costas	custo
cascata	escuro	dentista	gosto	fusca
casco	esmalte	isca	mosca	susto
caspa	espaço	isqueiro	mosquito	
castelo	espantalho	lista	poste	
ginástica	espeto	ministro	rosto	
mastigar	espinho	misto		
pasta	esporte	mistura		
pasto	espuma	pista		
plástico	esquisito			
	estrela			
	festa			
	pescador			

ATIVIDADES

1 Forme novas palavras acrescentando um *s* no meio da palavra:

reto – *resto*

pote _____   caco _____

pata .... mito ....

capa .... gota ....

2 **Forme novas palavras adaptando ou acrescentando a terminação *-ista*:**

arte .... guitarra ....

jornal .... massagem ....

dente .... surfe ....

3 **Copie, em seu caderno, o texto "Susto". Faça um círculo com lápis vermelho nas palavras com *as*, *is* e *us*.**

4 **Complete as palavras abaixo com *as*, *es*, *is*, *os* e *us*:**

l........ta   c........telo   m........tigar

s........to   ....ca   cr........tal

........pelho m........quito   p........ta

5 **Escreva as palavras abaixo em ordem alfabética:**

escola	lista	mastigar
rosto	susto	isca
poste	festa	custou

6 Que tal criar um emaranhado de letras?

Em cada linha do emaranhado deve aparecer uma ou duas palavras em que apareça vogal seguida de s: *as*, *es*, *is*, *os*, *us*.

Fica mais fácil você fazer o seu emaranhado usando letras maiúsculas.

Antes de iniciar, escolha as palavras que você quer que apareçam no seu emaranhado. Escreva as letras bem organizadas, bem alinhadas. Quando terminar, troque o seu emaranhado de letras com um colega. Cada um deverá passar lápis de cor nas palavras escritas com *as*, *es*, *is*, *os*, *us* do emaranhado feito pelo outro.

ACCASCALF
VISTOXRMN
EUPOSTESS

3 Palavras com S/Z (final)

- Um, dois...
- ... feijão com arroz.
- ... três, quatro...
- ... feijão no prato.
- ... cinco, seis...
- ... chegou minha vez.
- ... sete, oito...
- ... comer biscoito.
- ... nove, dez...
- ... comer pastéis... Mas não tem pastéis!
- E agora?

A arte de ser neta, Paulo Mendes Campos.

Palavras com Z final	Palavras com S final	Algumas palavras no plural
arroz	francês	as bolas
atriz	gás	as borboletas
avestruz	inglês	os cadernos
capuz	japonês	os carros
cartaz	lápis	as casas
cruz	marquês	os dias
dez	mês	as escolas
fez	óculos	as focas
giz	ônibus	os livros
infeliz	português	as máquinas
juiz	pôs	os meninos
luz	quis	as mesas
matriz	três	os pássaros
nariz		as revistas
paz		
rapaz		
talvez		
veloz		
vez		
voz		

ATIVIDADES

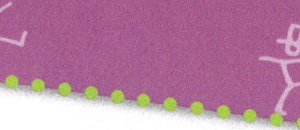

1 Escreva os nomes no singular:

as luzes .... os rapazes ....

os gizes .... as atrizes ....

as cruzes .... os ingleses ....

os cartazes .... os meses ....

2 Escreva os nomes no plural:

o estojo .... a bicicleta ....

a rua .... o menino ....

o carro .... o caderno ....

3 Copie do quadro abaixo as palavras que têm uma sílaba.

> luz – ônibus – paz – gás – nariz – atriz – giz
> óculos – dez – mês – veloz – vez – lápis – três

4 Copie as palavras que se seguem no quadro, separando aquelas que levam s no final daquelas que levam z.

> rai◦ – atrá◦ – ananá◦ – atri◦
> fero◦ – infeli◦ – qui◦ – invé◦
> pire◦ – francê◦ – descortê◦ – altive◦

Palavras escritas com S	Palavras escritas com Z

4 Palavras com S/Z

Z

Chegamos então até o Z,
Que vem o abecedário encerrar.
É de zabumba, zebra, zorro e zunir,
Zico, Zeca e zíper, para os versos fechar.

... de A a Z, de 1 a 10..., Darci Maria Brignani.

Palavras com Z

amizade	dezessete
anzol	doze
azar	fraqueza
azarado	gaze
azeite	gozado
azeitona	localização
azul	luzes
azulejo	moleza
batizado	onze
beleza	prazer
bezerro	prejuízo
buzina	prezado
cafezal	quinze
catorze	quinzena
certeza	razão
cozido	reza
cozinha	vazio
cozinheira	vizinho
desprezo	zangado
dezembro	zangão
dezena	zebra

Palavras com S

aceso	decisão	pesquisa
alisar	defesa	piso
amoroso	desejo	precisar
análise	desenho	preso
asa	divisão	prisão
atraso	explosão	raso
aviso	famoso	rasura
besouro	gasosa	revisão
blusa	ilusão	risada
bondoso	isolado	riso
brasa	liso	rosa
camisa	lousa	sobremesa
caridoso	manhoso	televisão
carinhoso	medroso	tesoura
casa	mesa	vasilha
casaco	mesada	vaso
casamento	música	visão
causa	paralisar	visita
confusão	paralisia	
	pesadelo	

ATIVIDADES

1 Forme novas palavras adaptando a terminação *-eza*.

claro _____   triste _____

lindo _____   limpo _____

rico _____   firme _____

grande _____   ligeiro _____

pobre _____   puro _____

2 Escreva o plural e o feminino de cada palavra. Observe o exemplo:

	Plural	Feminino
japonês	*japoneses*	*japonesa*
português		
camponês		
freguês		
francês		

3 Preste atenção às palavras que o professor vai falar.
Escreva no caderno somente aquelas escritas com *z*.
Depois, confira as palavras que escreveu com os colegas de classe.

4 Copie, de um jornal, revista ou livro, palavras escritas com z e palavras escritas com s com som de z.

Sente-se com um colega. Dite as palavras que copiou em qualquer ordem. O seu colega deve escrever somente as palavras escritas com s com som de z.

Depois, é a vez do seu colega fazer o ditado e você escrever as palavras.

Quando terminarem, confiram as palavras que escreveram.

5 Palavras com R/RR

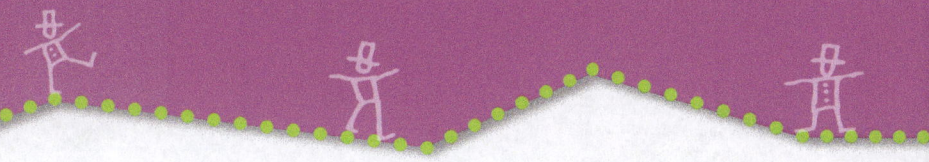

O gato e o rato

O gato viu o rato.

O rato viu o gato.

— Corre, rato — gritou a barata.

O rato correu.

O gato correu.

O rato viu o buraco no muro.

O rato passou. O gato ficou.

— Gato bobo — falou a barata.

Hermínio Sargentim

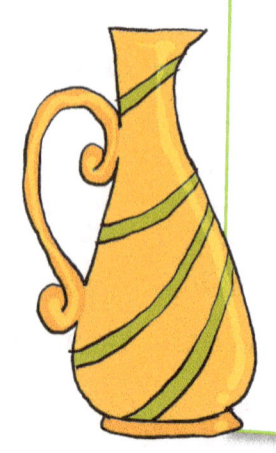

**Palavras com R
(som de Rato)**

rabo
ramo
raso
rede
rei
remo
riu
roda
rodo
roeu
rola
rolo
Roma
rosa
roupa

**Palavras com RR
(som de caRRo)**

amarrado
arrepio
barraca
barraco
barriga
barro
burro
corrida
errado
ferro
garrafa
garrafão
gorro
jarra
marreco

Palavras com R (som de baRata)

abacateiro	ferido
arado	geladeira
arame	girafa
arara	marido
besouro	muro
buraco	parada
cadeira	parede
careca	

ATIVIDADES

1. O texto que você vai ler a seguir é o final de um conto popular norueguês que conta a história de um rei que gostava demais de roupas e foi enganado por dois trapaceiros.

Copie do texto palavras escritas com *r* ou *rr*, de acordo com as indicações.

Quando chegou o dia do cortejo, o imperador foi ao tear vestir sua roupa nova. Os trapaceiros fingiram vestir-lhe peça por peça. Eles moviam os braços como se amarrassem algo em volta de sua cintura e ajeitassem a roupa.

Multidões aglomeraram-se nas ruas para ver a roupa nova do imperador.

Enquanto desfilava pelas ruas, o imperador ouvia as pessoas aclamando-o e pensava:

– Como tenho sorte em governar um povo tão inteligente! Parece que não há nenhum tolo no meu reino; afinal, todos conseguem ver minha roupa.

No entanto, um menino, que subira em uma árvore para ter uma vista melhor do cortejo, não sabia que a roupa nova do imperador era visível apenas para os inteligentes. Então, gritou tão alto que todos o ouviram.

– Coitado! O imperador está nu!

As pessoas em volta do menino riram sem graça. Finalmente, um homem gritou:

– O menino está certo! O imperador está nu! E todos começaram a rir, primeiro do imperador, depois deles mesmos, por terem acreditado naquela história de roupa mágica e por terem sido tão tolos.

O imperador virou-se para o menino e disse-lhe que ele havia sido a única pessoa realmente inteligente em todo o reino, por não ter tido medo de falar a verdade.

O imperador, então, prometeu ao menino que ele seria seu ministro de confiança quando crescesse.

Quanto aos dois trapaceiros, a essa hora, já haviam deixado o reino levando todo o dinheiro e toda a seda que haviam guardado em suas sacolas. E, é claro, nunca mais foram vistos por aquelas terras novamente.

A roupa nova do imperador, André Koogan Breitman (versão).

R inicial – Som forte

R entre vogais – Som brando

RR no meio – Som forte

2 Complete as palavras com *r* ou *rr*:

____oda   ____osa   ama____elo

gi____afa   co____ida   ba____aco

bu____aco   ama____ado   ca____egava

3 Junte as sílabas e forme palavras:

bar – ri – ga   _____

car – re – ta   _____

ar – ru – da   _____

cor – ri – da   _____

ser – ro – te   _____

ci – gar – ro   _____

4 Invente uma historinha com as seguintes palavras:

rato – rei – roupa – barata – barriga

_____
_____
_____
_____
_____
_____
_____

6 Palavras com AR, ER, IR, OR, UR

Proibido ou permitido

É proibido pular o muro
   pular a cerca
   furar a lona
   furar o cerco
para ver o circo de graça.
Mas também é proibido
criança não ver o circo
só porque não tem dinheiro.
Por isso diz o poeta:
É permitido pular o muro
   pular a cerca
   furar a lona
   furar o cerco
Para roubar um pouco de sonho.

O circo, Roseana Murray.

Palavras com AR

açúcar	jardim
argola	lar
arma	largura
arte	mar
árvore	março
barco	parque
carta	partida
cartilha	partido
colar	sardinha
farda	tarde
garfo	

Palavras com ER

cerca	nervoso
cerveja	pergunta
erva	perto
ervilha	verbo
esperto	verdade
mulher	vermelho

Palavras com OR

abridor	flor
ator	forte
bordado	gorda
calor	horta
cantor	isopor
corda	jornal
corneta	mordida
corte	morte
dor	ordem
favor	orvalho

Palavras com IR

- circo
- firme
- firmeza
- irmã
- irmão

Palavras com UR

curso	turma
surdo	ursa
turco	urso

ATIVIDADES

1 Complete com *ar* ou *er*:

____de	c____to	c____ta	m____telo
____te	____ma	M____ta	esp____to
co____	p____na	____va	am____
c____ca	beb____	p____te	com____

2 Forme palavras, ordenando as sílabas.

a) ca mer do _____

b) do gor _____

c) ta por _____

d) rio má ar _____

e) tei por ra _____

f) to tor _____

3 Descubra palavras unindo as sílabas do retângulo:

> cor – por – bar – na – to – ta
> ba – da – per – co – te

_____
_____
_____
_____

4 Forme novas palavras acrescentando o *r* no meio de cada palavra:

cata _____   ama _____
uso _____   pote _____
lago _____   fada _____

5 Separe as sílabas:

argola _____   cartilha _____
mercado _____   jardim _____
esperto _____   parque _____
orvalho _____   partido _____
turma _____   largura _____
bordado _____   pergunta _____
cerveja _____   revólver _____
vermelho _____   torta _____

6 Invente uma historinha com as seguintes palavras:

perto – dor – cerca – irmão – urso

_____
_____
_____
_____
_____
_____
_____

7 Continue escrevendo outras cinco palavras com *ar*, *er*, *ir*, *or*, *ur*, no meio ou no final.

a) Palavras que dão nome a objetos:
armário, _____

b) Palavras que dão nome a profissões:
artista, _____

c) Palavras que indicam características:
trabalhador, _____

d) Palavras que indicam ações:
escrever, _____

7 Palavras com LHA/LIA

O anão

O anão equilibra uma risada
Na palma de cada mão.
O seu trabalho é atrapalhar
O palhaço.
O anão tropeça a cada passo,
E o circo estremece
Feito bolha de sabão.

O circo, Roseana Murray.

Palavras com LHA

abelha	medalha
agulha	molha
bolha	olha
calha	ovelha
falha	palha
filha	rolha
folha	telha
malha	velha

Palavras com LIA

Amália	Emília
Brasília	família
Cecília	Itália
Célia	mobília
dália	sandália

ATIVIDADES

1 Separe em colunas os nomes próprios e os nomes comuns.

família – Emília – dália – Brasília – Itália
sandália – Aurélia – mobília

Nomes comuns	Nomes próprios

195

2 Complete as palavras dos retângulos com as sílabas *lia* ou *lha*.
Depois, pinte da mesma cor os retângulos que contêm palavras terminadas em *lia*. Use uma cor diferente para pintar os retângulos em que aparecem palavras escritas em *lha*.

- fi_____
- nava_____
- bata_____
- lenti_____
- Adé_____
- Sicí_____
- camé_____
- Lucí_____
- armadi_____
- quadri_____
- ervi_____

3 Complete as frases com as palavras do quadro:

> sandália – Brasília – Itália – Zélia – dália – mobília

a) Minha irmã foi à festa com uma _____ vermelha.

b) A capital do Brasil é _____.

c) Em janeiro, meus amigos irão viajar para a _____.

d) A _____ da sala está completa.

e) _____ é minha melhor amiga.

f) A _____ é uma flor muito bonita.

8 Palavras com GUE/GUI, QUE/QUI

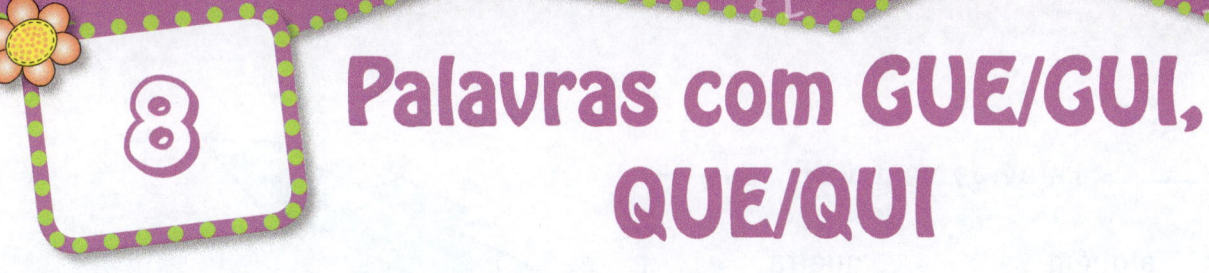

O formigueiro

A formiga trabalha tanto
que não tem tempo para cantar.
Ela nem parece a cigarra
que vive tocando guitarra.

No formigueiro, ninguém para.
Todo mundo trabalhando.
Cortando a folha da mangueira,
carregando o galhinho da figueira.

A formiga não é foguete.
É um guerreiro muito forte,
que não sai de seu caminho
mesmo que encontre a morte.

Hermínio Sargentim

Palavras com GUE

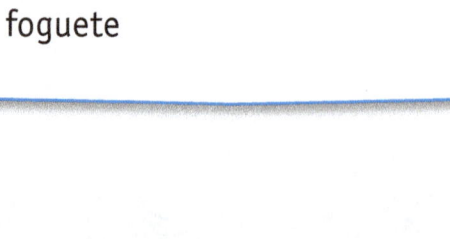

- alguém
- apaguei
- caranguejo
- cargueiro
- fogueira
- foguete
- guerra
- guerrilha
- liguei
- mangueira
- ninguém

Palavras com GUI

- amiguinho
- ceguinho
- esguicho
- guia
- guiar
- guincho
- guindaste
- guitarra
- preguiça
- preguiçoso
- seguir

Palavras com QUE

- aquele
- brinquedo
- cacique
- faqueiro
- moleque
- pequeno
- queijo
- queixo
- quentão
- querido
- quermesse

Palavras com QUI

- aqui
- aquilo
- canequinha
- caqui
- faquinha
- periquito
- quiabo
- quilo
- quilômetro
- quintal
- quinze

ATIVIDADES

1 Copie, em seu caderno, o texto "O formigueiro" e circule com lápis colorido as palavras com *gue* e *gui*.

2 Ordene as sílabas e forme palavras:

ran-jo-ca-gue _____   gue-fo-te _____

guei-ra-fo _____   gui-ra-tar _____

ça-pre-gui _____   fi-ra-guei _____

3 Observe o exemplo e faça o mesmo com as palavras:

amigo – *amiguinho*

cego _____   fogo _____

amiga _____   figo _____

formiga _____   vaga _____

4 Pinte somente os retângulos que contêm palavras em que *qu* formam um só som.

esquilo	tanque	quociente	quase
esquadra	quarup	aquilo	aquático
piquenique	isqueiro	esquina	aquário
pequenez	quinze	qualquer	quatro

199

9 Palavras com QUA/GUA

Palavras com QUA

aquarela
aquário
aquático
enquanto
quadrado
quadril
quadrinhos
quadro
quadrúpede
qualidade
qualquer

quando
quantidade
quanto
quarenta
quarta
quarteirão
quartel
quarto
quase
quatrocentos
taquara

Palavras com GUA

água
aguaceiro
aguada
aguador
aguardar
aguardente
égua
guaraná
guarani
guarda
guardado

guardanapo
guarita
igualdade
Jaguaré
jaguatirica
légua
língua
linguagem
água
régua
saguão

ATIVIDADES

1 Escreva as palavras do quadro na coluna do *gua* ou do *qua*:

água – quadro – régua – guarani – taquara
guardanapo – quadrado – guaraná – quase – quadril

Palavras com GUA	Palavras com QUA

2 Complete com *qua* ou *gua*:

a_____rela   lin_____gem   a_____tico   ma_____ri

_____renta   _____rtel   a_____rdente   _____rani

_____drinhos   lin_____do   _____dril   _____rita

3 Escreva por extenso o número 444:

_____

4 Jogo da velha das palavras com *qua* e *gua*.

Sente-se com um colega para brincar. Tirem par ou ímpar para escolher quem começa. Quem começa, deve escrever, em um dos espaços do diagrama, uma palavra escrita com *qua* ou *gua*. Depois, é a vez do outro.

O objetivo do jogo é formar uma linha horizontal, vertical ou diagonal com três palavras escritas com *qua* ou *gua*. Ganha o jogo quem formar a linha primeiro.

Tracem o diagrama do jogo da velha no caderno ou em uma folha à parte. Façam pelo menos três jogos, e não esqueçam: todas as palavras que vocês escreverem deverão ter *qua* ou *gua*.

10 Palavras com GE/GI, JE/JI

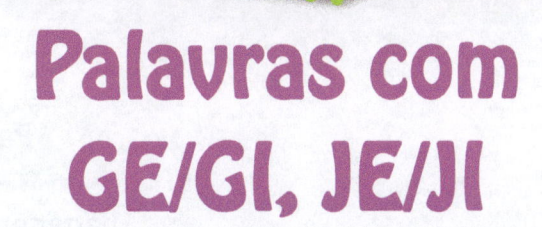

Passe de mágica

Com um passe de mágica,
o fogo virou gelo.

Com um passe de mágica,
a garrafa virou girafa.

Com um passe de mágica,
a berinjela virou tigela.

Com um passe de mágica,
a laranjeira virou geladeira.

Com um passe de mágica,
eu virei rei.

Hermínio Sargentim

Palavras com GE

bagagem	gênio
carruagem	genro
coragem	gente
garagem	gerente
gelado	gesso
gelatina	gesto
geleia	imagem
gelo	lavagem
gema	ligeiro
gêmeo	tigela
general	

Palavras com GI

agir	ginástica
agitado	gincana
argila	girafa
gengiva	girassol
gigante	gíria
gilete	giz
ginásio	

Palavras com JE

berinjela
gorjeta
hoje
injeção
jeito
jejum
jesuíta
Jesus
laje
laranjeira
majestade
pajé
sujeira

Palavras com JI

anjinho
canjica
jiboia
jiló
jipe
lojista

ATIVIDADES

1 Vamos descobrir quem se saiu melhor na pescaria?

O pescador de camisa azul só pescou palavras com *ge*, *gi*.

O pescador de camisa amarela só pescou palavras com *je*, *ji*.

Complete as palavras com *ge*, *gi*, *je*, *ji*.

Ligue as palavras a cada pescador para descobrir quem se saiu melhor na pescaria.

pescador de camisa azul

pescador de camisa amarela

gor____eta

ti____ela

____irafa

a____itar

can____ica

lo____ista

____iló

rabu____ice

exi____ir

selva____em

____iboia

ho____e

____eleia

tra____e

ma____ia

2 Copie, em seu caderno, o texto "Passe de mágica". Faça um círculo, com lápis vermelho, nas palavras com *ge* ou *gi* e um círculo, com lápis azul, nas palavras com *je* ou *ji*.

3 Vamos caçar palavras escritas com *je/ji*.

J	E	J	U	M	A	B	T	A	C
E	U	J	I	L	Ó	V	I	J	A
N	M	M	N	A	R	O	S	I	T
I	G	O	R	J	E	T	A	B	N
P	T	B	C	E	T	U	C	O	M
A	A	O	J	I	P	E	B	I	I
P	R	T	O	T	I	V	F	A	O
O	R	S	O	O	A	R	S	X	R

4 Separe as sílabas, circulando as sílabas fortes:

ginástica _____   jiló _____

gente _____   jeito _____

Jesus _____   gelado _____

girassol _____   general _____

11 Palavra com CH/X

X

X de xícara, de xixi
Xadrez, xavante e xingu,
Xarope, xerife, xodó
Mas não tem X na palavra chuchu.

... de A a Z, de 1 a 10... , Darci Maria Brignani.

Palavras com CH

bicho	charuto	chuteira
bolacha	chave	chuva
cachimbo	chaveiro	chuveiro
cachoeira	chefe	fechadura
cachorro	chicote	ficha
chácara	chocalho	flecha
chafariz	chocolate	lancha
chaleira	choradeira	lanche
chaminé	chupeta	mancha
chapéu	churrasco	mochila

Palavras com X

abacaxi	enxugar
ameixa	enxurrada
baixo	faixa
bexiga	graxa
caixa	puxar
caixote	xadrez
coxa	xale
eixo	xampu
engraxate	xarope
enxada	xerife
enxame	xícara

ATIVIDADES

1 Retire do texto "X" duas palavras escritas com *x*.

_____

2 Complete com *xa*, *xe*, *xi*, *xo*, *xu*:

a) _____reta   e) pei_____da   i) ro_____

b) engra_____te   f) cai_____te   j) _____rife

c) fai_____   g) _____dó   k) en_____me

d) en_____rrada   h) cai_____   l) _____cara

209

3 Ligue as palavras da mesma família:

caixa • • enfaixado

lixo • • peixada

peixe • • lixeiro

enxada • • engraxate

faixa • • peixaria

graxa • • caixote

• enxadão

4 Complete as frases com as palavras do quadro:

> xale – peixe – lixo – xadrez
> caixote – xícara

a) O _____ está no aquário.

b) Vovó usa um _____ bonito.

c) Paulo gosta de jogar _____.

d) Eu consegui carregar o _____.

e) Joguei o papel no _____.

f) Eu quero uma _____ de café.

5 Copie o texto "X", em seu caderno, e faça um círculo nas palavras escritas com *x*.

6 Junte as sílabas e forme palavras:

cha ← ve / miné / péu

chi ← nelo / cote / nês

chu ← va / teira / veiro

fi / fle / lan → cha

7 Complete com ch ou x:

a) bola____a
b) pei____e
c) ____uva
d) ____aruto
e) cai____a
f) ____apéu
g) ____ícara
h) en____urrada
i) li____o
j) be____iga
k) ____icote
l) ____arope
m) salsi____a
n) ____aminé
o) ____ampu

8 Forme novas palavras seguindo o exemplo:

chuva — *chuveiro*
chave —
lanche —

bicho —
churrasco —
chute —

9 Conte uma historinha com as seguintes palavras:

chupeta – chocolate – choradeira

xícara – xarope – lixo

211

10 Leia o texto.

O **chinês chique**, de **chapéu chocante**, **chegou** com um **bicho** de **luxo**. Escorregou na **graxa**, se **esborrachou** no **chão**, **machucou** a **coxa**. **Chocado**, teve um **chilique**, **chutou** o **lixo** e **xingou** o **chão**.

Travadinhas, Eva Furnari.

Observe as palavras coloridas do texto. Troque ideias com os colegas de classe e responda:

a) Seria possível formar um só grupo com essas palavras? Que critério seria usado?

_____

_____

b) E para formar dois grupos com essas palavras, que critério seria usado?

_____

_____

11 Risque, em cada quadro, a palavra que não combina com as outras e justifique por que a riscou.

lagartixa	exército	chinelo
enxurrada	chacoalhar	flecha

enxoval	mochila	coaxar
reflexo	lanche	xereta

12 Palavras com L/U (final)

O carrossel

Roda, roda
Carrossel...
Vim ao parque
Com chapéu
Roda, roda
Carrossel
Subi no cavalinho
E vi um guri...
Roda, roda
Carrossel...
A cor do cavalinho
Parecia cor de mel.

O travesso Rafael, Nara Latorre.

Palavras com AU

bacalhau
cacau
mau
mingau
Nicolau
pau
pica-pau

Palavras com IU

caiu
fugiu
latiu
ouviu
saiu
sorriu
viu

Palavras com EU

ateu
Bartolomeu
breu
céu
chapéu
judeu
meu
pneu
réu
Tadeu
troféu
véu

Palavras com OU

amou
carregou
dou
estou
levantou
roubou
xingou

Palavras com AL

animal	jornal
avental	litoral
canal	local
capital	mal
casal	natal
cristal	oral
dedal	pedal
final	quintal
igual	real

Palavras com EL

- aluguel
- carrossel
- cascavel
- coronel
- cruel
- fiel
- hotel
- Isabel
- mel
- móvel
- papel

Palavras com IL

anil	fuzil
Brasil	gentil
canil	imbecil
civil	infantil
funil	juvenil

Palavras com UL

- azul
- Raul
- sul

Palavras com OL

- anzol
- caracol
- espanhol
- farol
- futebol
- girassol
- lençol
- rouxinol

ATIVIDADES

1 Copie o texto "O carrossel" e faça um círculo nas palavras terminadas em *l*.

_____
_____
_____
_____
_____
_____
_____
_____
_____
_____
_____
_____

2 Complete as palavras com *al*, *el*, *il*, *ol*:

a) jorn_____   e) ded_____   i) fun_____

b) coron_____   f) s_____   j) nat_____

c) litor_____   g) avent_____   k) carac_____

d) infant_____   h) Bras_____   l) hot_____

3 Separe as sílabas e copie as palavras:

cascavel	cas-ca-vel	cascavel
futebol		
imbecil		
quintal		
animal		
espanhol		
carrossel		
pastel		

4 Copie as palavras em ordem alfabética:

a) lençol – Brasil – anzol – sinal – final – mel – canal – jornal

b) nacional – farol – anil – ramal – funil

5 Complete as palavras com *l* ou *u*. Depois, copie as frases.

a) A cascave____ é um anima____ venenoso.

b) Isabe____ sujo____ o avental.

c) O minga____ estava delicioso.

d) Tade_____ e Nicola_____ jogam futebo_____ no quinta_____.

_____

6 Copie as palavras do quadro de acordo com o número de sílabas:

> chapéu – cacau – breu – amou – pau – céu
> troféu – mingau – judeu – latiu – roubou – véu

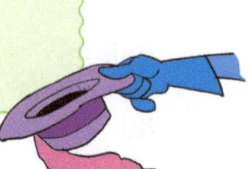

Uma sílaba	Duas sílabas

7 Quem vai chegar primeiro à casa da Vovozinha é Chapeuzinho Vermelho.

Para ela chegar lá, tem que seguir um caminho em que todas as palavras tenham *al*, *el*, *il*, *ol* e *ul* no final.

Ajude a menina a chegar à casa da Vovozinha, escrevendo palavras que terminem com *al*, *el*, *il*, *ol* e *ul*.

Para não deixar o Lobo Mau chegar à casa da Vovozinha, você tem que escrever nos espaços palavras misturadas, terminadas em *al*, *el*, *il*, *ol*, *ul*, *au*, *eu*, *iu* e *ou*.

Salve a Vovozinha, escrevendo as palavras corretamente nos caminhos que cada um vai seguir.

13 Palavras com L/U (medial)

Folclore

Hoje é domingo
pé de cachimbo
cachimbo é de ouro
dá no touro...
Touro é valente
bate na gente...
A gente é fraca,
cai no buraco...
Buraco é fundo
acabou o mundo...

Palma, palminha,
palminha de guiné,
pra quando papai vier,
mamãe dá papinha
vovó bate o cipó
na mãozinha da netinha.

Didática do folclore,
Corina Maria Peixoto Ruiz.

Palavras com U

açougue	couro
aplauso	couve
astronauta	lavoura
auditório	louca
aumentar	louro
aumento	lousa
automóvel	ouça
autor	ouro
autorama	pausa
autoritário	pauta
besouro	roubo
cauda	saudade
caule	saúde
causa	tesoura
Cláudio	

Palavras com L

adulto	calma
álbum	colcha
alcançar	colmeia
álcool	falso
alfabeto	falta
alface	felpudo
alfaiate	filme
alfinete	filtro
algazarra	golpe
algodão	maldade
alguém	multa
algum	palco
alma	palma
almoço	palmeira
almofada	palmito
altar	palmo
alto	pulga
balde	resolver
bolso	salto
calçada	soldado
calçado	talco
calcular	voltou
cálculo	vulto
caldo	

ATIVIDADES

1 Complete as palavras com au ou ou:

a) _____ro
b) s_____dade
c) bes_____ro
d) c_____ro
e) c_____ve
f) r_____bo
g) tes_____ra
h) _____mento
i) j_____la

2 Descubra as palavras do retângulo juntando as sílabas:

a) as, nau, tro, ta

b) mó, vel, to, au

_____

3 Copie, de um jornal, revista ou livro, um pequeno texto em que apareçam palavras que tenham *al*, *el*, *il*, *ol*, *ul*, *au*, *eu*, *iu*, ou no meio.

Troque o seu texto com um colega de classe.

Cada um deverá passar lápis de uma cor sobre as palavras com *al*, *el*, *il*, *ol*, *ul* no meio, e lápis de outra cor sobre as palavras com *au*, *eu*, *iu*, *ou*.

Quando terminarem, sentem-se juntos e façam listas das palavras que vocês coloriram. Separem-se em dois grupos: o grupo de palavras escritas com *al*, *el*, *il*, *ol*, *ul* e o grupo de palavras escritas com *au*, *eu*, *iu*, *ou*. Ao escrevê-las, coloquem-nas em ordem alfabética.

4 Copie as palavras do quadro na coluna certa:

> falta – pausa – calma – maldade – saudade – jaula
> talco – autor – aumento – palco – palma – salto

Palavras com U

Palavras com L

14 Palavras com ÇA/ÇO/ÇU, CE/CI

O Saci

Apareceu o Saci e falou:

— Seu moço, me dá um doce de coco.

O moço coçou a cabeça e falou:

— Apareça amanhã no fundo do poço.

O Saci sumiu e apareceu de novo:

— Moça bonita, me dá um doce de coco.

A moça sorriu. Pegou uma bacia de doce e falou:

— Toma, Saci. E desapareça.

O Saci sorriu, agradeceu e sumiu.

Hermínio Sargentim

Palavras com ÇA

apareça	coração
balança	criança
cabeça	dança
caçador	força
calção	fumaça
canção	lição
carroça	maçã

Palavras com ÇO

abraço	lençol
aço	maço
almaço	moço
braço	palhaço
caçou	pedaço
golaço	pescoço
laço	poço

Palavras com ÇU

- açúcar
- açucareiro
- açude
- caçula

Palavras com CI

ácido	cimento
Cida	cinema
cidadão	cinto
cidade	cinzeiro
cigana	cipó
cigarra	circo
cigarro	cismado

Palavras com CE

amanhece	centro
cebola	cerca
cedilha	cérebro
cedo	cereja
cego	cesta
cena	cesto
cenoura	conhece

ATIVIDADES

1. Copie do texto "O Saci" as palavras escritas com *ça*, *ço*, *ce*, *ci*.

_____
_____

2. Complete as palavras com *ça*, *çã*, *ço*, *çu*. Depois, copie as frases.

a) O palha_____ comeu ma_____ e comeu, também, melancia.

_____

b) O ca_____dor ca_____u a on_____ que estava perto do acampamento.

_____

3. Copie as palavras nas colunas adequadas:

cedo – cebola – face – amanhece – cidade

cipó – cimento – cigarra – cesto

cerâmica – cemitério – circo

Duas sílabas	Três sílabas	Quatro sílabas

4 Em cada quadro, risque a palavra que não combina com as outras e justifique.

traço – acidez – pinça – açaí
sacada – pertencer

_____

açucena – cereja – escuridão
recente – Marcelo – recinto

_____

açúcar – acordar – laço – cílio
roça – receio

_____

5 Leia as palavras escritas com *c* e *ç* dos quadros desta página e responda:

a) Usa-se **ç** junto a que vogais?
_____

b) Que som tem o **ç**?
_____

c) Junto a que vogais o **c** tem som de **s**?
_____

d) Junto a que vogais o **c** tem som de **k**?
_____

15 Palavras com SE/SI, CE/CI

Silêncio

A mata parecia sossegada.

Sentado num galho, o macaco coçava a cabeça.

A cigarra ciciava.

O coelho comia cenoura.

De repente, o macaco pulou no cipó.

A cigarra calou-se e voou.

O coelho correu assustado.

E o macaco ficou sozinho.

Hermínio Sargentim

Palavras com CE

cebola	cemitério	centro
cedilha	cena	cera
cedo	cenário	cerâmica
cego	cenoura	cerca
cegonha	centavo	cereal
cela	central	cérebro

Palavras com CI

cicatriz	cigarro	cinzeiro
cidadão	cimento	cipó
cidade	cinco	circo
ciência	cinema	círculo
cigana	cinquenta	
cigarra	cinto	

Palavras com SE

sebo	segundo	senão	será
seca	seguro	senhor	serenata
secador	seja	sensação	sermão
seco	seleção	sensível	servente
secretária	selo	sentar	serviço
século	selva	sentido	seta
seda	selvagem	sentimento	sete
sede	sem	sentinela	setecentos
segredo	semáforo	separação	setembro

Palavras com SI

sigla	simpático	sino
significado	simples	sirene
sílaba	sinal	siri
silêncio	sinaleiro	sistema
sim	sincero	sítio
símbolo	singular	situação

ATIVIDADES

1 Complete as palavras com *se*, *si*, *ce*, *ci*:

____culo   ____mpre   ____laba

____noura   ____râmica   ____mento

____no   ____rene   ____guro

____dade   ____ntavo   ____lebração

____rvente   ____nal   ____lêncio

____do   ____bola   ____garra

Copie as palavras que você completou no exercício anterior em ordem alfabética:

_____

_____

_____

2 Ligue as palavras da mesma família:

- secar
- sentir
- separar
- sinal
- senado
- selva

- separação
- selvagem
- sentimento
- secador
- senador
- sinaleiro

3 Invente uma frase com as palavras de cada item:

a) sem – cem

_____

b) cedo – silêncio

_____

4 Jogo da velha das palavras com *se*, *si*.

Sente-se com um colega. Em uma folha à parte, tracem três diagramas de jogo da velha.

Tirem par ou ímpar para decidir quem começa o jogo.

Quem começa deve escrever num dos espaços do diagrama uma palavra escrita com *se* ou *si*. Depois é a vez do outro.

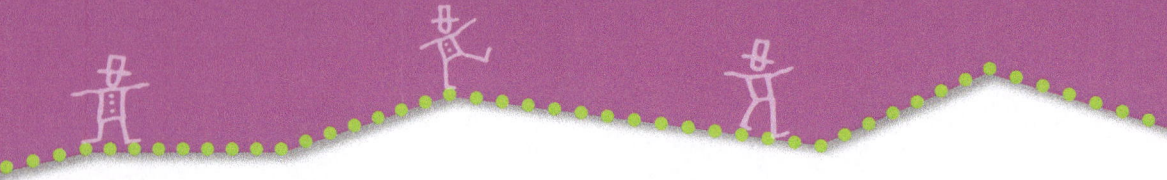

O objetivo do jogo é formar uma linha horizontal, vertical ou diagonal com três palavras escritas com *se* ou *si*.

O ganhador será quem conseguir fazer isso em duas partidas.

5. Copie, de um jornal, revista ou livro, um pequeno texto em que apareçam palavras escritas com *ce*, *ci*.

Faça a cópia em uma folha à parte.

Ao escrever o texto, deixe em branco o espaço em que deve ser escrito *ce* ou *ci*.

Troque a sua folha com um colega de classe. Cada um deverá completar corretamente os espaços.

Quando terminarem, reúnam-se e confiram as respostas.

16 Palavras com Ç/SS

Passeio na praça

Um cão de raça passeava pela praça.

Com um osso na boca, passou pela calçada um cão vira-lata, todo assustado.

O cão vira-lata se coçava, se coçava.

O cão de raça latiu assim:

– Vá tomar banho, seu porco!

O cão vira-lata colocou o osso na calçada e latiu para o cão de raça:

– Tire essa coleira de aço, seu palhaço.

Hermínio Sargentim

Palavras com SS

assadeira	passarinho
assado	pássaro
assaltante	passeio
assalto	pêssego
assassino	pessoa
assim	possível
assinatura	pressão
assustado	professora
classe	profissão
depressa	quermesse
dezesseis	sessenta
dezessete	sossegado
esse	tosse

Palavras com Ç

aço	direção
açucareiro	espaço
assombração	esperança
atenção	força
aviação	laçada
braço	lembrança
caçada	lição
calça	licença
carroça	palhaço
construção	pescoço
coração	seleção
criança	traça

ATIVIDADES

1 Retire do texto "Passeio na praça" as palavras escritas com *ss* e com *ç*.

Palavras com SS	Palavras com Ç

2 Leia as palavras escritas com *ç* e *ss* da página 234 e dos exercícios anteriores.

a) Uma semelhança que há entre essas palavras é que em todas elas aparece um mesmo som. Que som é esse?

b) Na escrita, como esse som aparece representado?

c) A letra C pode também representar o som S. Quando isso acontece?

3 Forme uma frase com cada grupo de palavras:

a) passear – professor

b) pessoas – assalto

_____

c) sossegado – depressa

_____

4 **Associe as palavras da mesma família:**

passar •   • ossada

assaltar •   • passagem

osso •   • sossegado

pêssego •   • passageiro

sossego •   • assaltante

assar •   • assado

                            • pessegueiro

                            • assadeira

                            • assalto

5 **Complete com ss ou ç:**

a) pesco____o   h) so____ego   o) educa____ão

b) gro____o   i) se____enta   p) depre____a

c) a____ustado   j) cora____ão   q) pê____ego

d) pa____eio   k) li____ão   r) len____o

e) a____ombra   l) mi____ão   s) pa____agem

f) licen____a   m) a____úcar   t) a____obiar

g) cal____a   n) espa____o   u) a____a____ino

17 Palavras com H

Com muitos **H** iguais
Teço uma teia
Bem estranha.

E fazer essa costura
Será mesmo uma façanha.

Pois na teia vai morar
Um homem com **H**.

Um homem?
Claro, o Homem-Aranha.

ABC quer brincar com você, José Santos e Alcy.

Palavras com H

hábito	hipopótamo	hora
hálito	história	hortaliça
Helena	hoje	hóspede
hélice	homem	hospício
Hélio	homenagem	hospital
Henrique	honesto	Hugo
herança	honra	humilde
herói	hora	humilhar
higiene	horário	humor
Hilda	horóscopo	
hino	horror	

ATIVIDADES

1 Separe as sílabas e copie as palavras novamente:

hora   *ho-ra*   *hora*

honesto

homenagem

herói

hospital

horizonte ....
humilde ....
hóspede ....
honra ....

2 **Associe as palavras da mesma família:**

- hora
- homem
- horror
- honesto
- história
- humilde
- humor
- higiene

- horroroso
- historiador
- horário
- humorista
- humano
- higiênico
- humildade
- honestidade

3 **Faça como no exemplo:**

des + honesto   *desonesto*
des + harmonia   ....
des + habitado   ....
des + humano   ....
des + honrar   ....

4 **Complete as frases com as palavras:**

humilde – hotel – herói – hortelã – história – humor

239

a) Cebolinha é um _____ para Mônica.

b) Nas férias minha família e eu nos hospedamos num belo _____.

c) Vovó plantou _____ no quintal.

d) Tito comprou um livro de _____ do Brasil para sua sobrinha.

e) Gente _____ quase sempre tem bom _____.

5 Jogo do H

O que você acha de confeccionar um jogo da memória das palavras iniciadas com *h*?

1. Escolha dez palavras escritas com *h*. Você pode consultar o dicionário.

2. Arranje uma cartolina e divida-a em vinte pedaços iguais. Em dez pedaços, escreva as palavras escritas com *h* inicial. Nos outros, faça os desenhos correspondentes.

3. Recorte os pedaços.

4. Passe o seu jogo para um colega.

5. Para jogar, façam assim:

    a) Espalhem todos os pedaços de cartolina com as palavras e as figuras viradas para cima sobre a carteira e observem com atenção.

    b) Virem os pedaços de cartolina, de modo que vocês não possam ver nem as palavras nem os desenhos.

    c) Virem dois pedaços de cartolina. Se num aparecer escrita uma palavra e no outro aparecer o desenho correspondente, retirem os dois pedaços do jogo. Do contrário, coloquem sobre a carteira novamente e tentem formar mais dois pares.

6. Continuem o jogo até formar todos os pares.

7. Estabeleçam um tempo para o jogo (por exemplo, 20 minutos).

Ganha o jogo quem conseguir formar mais pares em menos tempo.

18 Palavras terminadas em -ÃO e -AM

Teresinha de Jesus
De travessa foi ao ch**ão**
Acudir**am** três cavaleiros
Todos três de chapéu na m**ão**

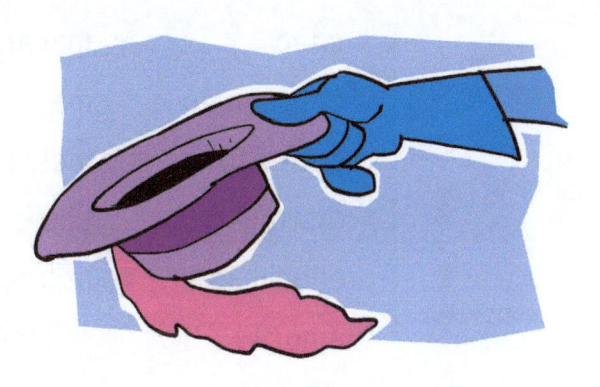

PALAVRA DE AÇÃO

Tempo passado -AM	Tempo futuro -ÃO
eles abriram	eles abrirão
eles acharam	eles acharão
eles cantaram	eles cantarão
eles chegaram	eles chegarão
eles continuaram	eles continuarão
eles conversaram	eles conversarão
eles escreveram	eles escreverão
eles estudaram	eles estudarão
eles falaram	eles falarão
eles leram	eles lerão
eles olharam	eles olharão
eles pularam	eles pularão
eles sonharam	eles sonharão

Nomes em -ÃO

arranhão	informação
atração	injeção
cascão	lição
chão	macarrão
construção	mão
correção	melão
distração	pão
educação	poluição
emoção	refeição
estação	sabão
fogão	seleção

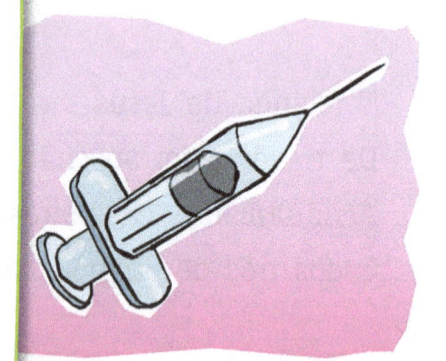

ATIVIDADES

1 Observe o exemplo e complete as frases corretamente:

> A menina ganha uma boneca.
> As meninas ganh**am** uma boneca.

a) O passarinho canta alegremente.

Os passarinhos _____ alegremente.

b) O vaso enfeita a sala.

Os vasos _____ a sala.

c) O homem viaja de avião.

Os homens _____ de avião.

d) A bailarina dança muito bem.

As bailarinas _____ muito bem.

2 **Reescreva as frases no tempo passado e no tempo futuro.**

> Os garotos brincam com a bola.
> *Os garotos brinca**ram** com a bola.*
> *Os garotos brinca**rão** com a bola.*

a) As crianças compram doces no supermercado.

_____

_____

b) Fabiana e Gustavo nadam na piscina do hotel.

_____

_____

c) Você e sua irmã gostam de jogar videogame?

_____

_____

3 **Reescreva as frases no plural.**

> A menina brincará com a boneca amanhã
> *As meninas brinca**rão** com a boneca amanhã.*

a) O rapaz jogará tênis amanhã.

_____

243

b) O cachorro pulará o muro.

c) O diretor mandará punir os desordeiros.

4 **Leia o texto.**

Nessa hora o homem desperta
com o rosto descansado e forte para
o trabalho.
A música das ruas e campos
é de passos e esperança.
As casas abrem suas janelas
e portas.
As crianças tomam o caminho da
escola.
Os pássaros deixam os ninhos e
bordam com asas e voos o azul.

Rosa dos ventos, Bartolomeu Campos de Queirós.

Reescreva, em seu caderno, esse texto de duas maneiras:

1º) contando os fatos no tempo passado;
2º) contando os fatos no tempo futuro.

19 Palavras com S/SS

O mosquito

Você é o inseto
Mais indiscreto
Da criação
Tocando fino
Seu violino
Na escuridão

A arca de Noé, Vinicius de Moraes.

Palavras com S

ansiedade	consoante	ensaiar	perseguir
ansioso	consolo	ganso	pretensão
cansado	consórcio	imenso	responsável
cansar	conversar	inseto	sensacional
censura	curso	insistir	sensível
conselho	descansar	insolação	tenso
conserto	descanso	insuportável	
conservar	diversão	ofensa	
considerar	ensaio	pensamento	

245

Palavras com SS

assadeira	depressa	nossa	professora
assado	dezesseis	passageiro	profissão
assaltante	dezessete	passagem	quermesse
assalto	discussão	passar	russo
assassino	essa	passarinho	sessenta
assim	esse	pássaro	sossego
assinatura	essencial	passatempo	travessa
assobio	grosseiro	passeio	travessão
assombração	grosso	pêssego	travesseiro
assustado	massa	pessoa	travesso
carrossel	massagem	posse	vassoura
classe	missa	pressa	

ATIVIDADES

1) Retire do texto "O mosquito" uma palavra escrita com *s* (som de *ss*).

_____

2) Complete com *s* ou *ss*.

in_____atisfação   in_____istência   a_____inatura

pa_____ageiro   con_____oante   sen_____ação

3. **Complete o texto com as palavras do quadro abaixo:**

> pessoas – pêssego – assaltante – professora
> assustadas – assalto – vassoura – passagem

O _____ entrou no banco com uma arma na mão. As _____ que estavam lá dentro ficaram muito _____ quando o homem gritou: "Isto é um _____!

Todos correram para o canto da sala. A faxineira soltou a _____, a _____ deixou cair o _____ que estava comendo, e o gerente deu _____ para a senhora que carregava uma criança no colo.

Foi uma confusão, mas logo a polícia chegou e a calma voltou ao local.

4. **Forme uma frase com cada grupo de palavras.**

a) assado – travessa

_____

_____

b) pessoa – descanso

c) classe – penso

d) curso – dezesseis

e) professor – pressa

f) depressa – russo

5 **Invente uma história com as palavras abaixo:**

> descansar – assaltante – depressa – passagem
> quermesse – assobio – russo